心之力

李志宏◎著

中国華僑出版社
·北京·

图书在版编目（CIP）数据

心之力 / 李志宏著. -- 北京 : 中国华侨出版社，2023. 6
（2024. 9重印）.
ISBN 978-7-5113-8880-3

Ⅰ. ①心… Ⅱ. ①李… Ⅲ. ①企业管理 Ⅳ. ①F272

中国版本图书馆 CIP 数据核字（2022）第 147941 号

心之力

著　　者：李志宏
出 版 人：杨伯勋
责任编辑：姜薇薇
封面设计：姜宜彪
经　　销：新华书店
开　　本：880毫米 × 1230 毫米　1/32 开　印张：10　字数：205千字
印　　刷：北京鑫益晖印刷有限公司
版　　次：2023 年 6 月第 1 版
印　　次：2024 年 9 月第 2 次印刷
书　　号：ISBN 978-7-5113-8880-3
定　　价：59. 00 元

中国华侨出版社　北京市朝阳区西坝河东里77号楼底商5号　邮编：100028
发 行 部：（010）64443051　传　真：（010）64439708
网　　址：www.oveaschin.com　E-mail：oveaschin@sina.com

如发现印装质量问题，影响阅读，请与印刷厂联系调换。

【推荐序】

二十年前我和志宏在埃森哲共事，那时正值中国的改革开放随着加入世贸组织，高歌前行。中国的制造业在出口的拉动下，蒸蒸日上，虽然很多还是劳动密集型、以体力资本创造价值，毕竟人口红利得以大规模兑现。埃森哲所从事的咨询和信息技术的服务，也在中国大陆探索了七八年后，有了快速发展的契机。在那以前，企业对基于脑力资本的服务不太能理解和接受，更不愿花钱购买服务。中国入世后所提倡的企业对外接轨、与先进企业对标以及提升管理水平，让诸如埃森哲这样的专业服务公司有了发展的空间。

作为专业服务公司，我们当时也不断地探索如何向我们的潜在客户解释我们的业务模式。我们总结归纳为八个字："汇智，明道，利器，至善"。那些年，我们会集了诸如志宏这样的人才，帮助企业明确战略方向，通过流程优化和信息系统提升管理水平，最终使其取得优秀的业绩。

当我得知志宏在咨询行业做得风生水起时突然去了家民营餐饮企业做 CEO，有点吃惊。后来才知道，他不是因为做腻了乙方而要转换角色，去做甲方。他是要通过亲身体验，探索出一条帮助中国民营企业发展的路径。在咨询行业的打拼是个历练，去民营企业实操是他真正探索的开始。今天我们读到的《心之力》，就是他历时十多年，与数百上千的民营企业家一起探索的结晶。

随着这些年的改革开放，中国商界对依靠体力资本创造价值、对依靠脑力资本创造价值的商业模式都有了长足进步。而探索提升业绩的焦点，大多汇集在科学、效率、规模、规范等领域。志宏所提出的心力资本让人耳目一新，他把一些普遍感到重要但又难以量化的因素归纳起来了。如果我前面提到的“至善”是取得优异的企业经营业绩，那志宏书中讨论的“善”还涵盖了“至善”的过程：经营哲学、对待员工的方法、与客户双赢的关系、对社会的贡献、企业家自身的修养等等。同时，他描述和提倡企业家的终极目标是要超越企业自身业绩，要对整个社会的进步和商业文明做出贡献，这是一个更加广义的“至善”目标。在这过程中以及在取得结果后，企业家所有的付出其实都不是单向的，他们的利益相关方：员工、客户、股东、合作伙伴、社会，都得到了这些企业家心力资本的投资，这些利益相关方也必将给予回报。社会由此而变得更好。

志宏用了大量篇幅，从理念和实例两个方面描述了心力资本的投入和回报，以及它们之间的正向循环所带来的社会进步。这让我联想起美国著名领导力培训教练，史蒂芬·柯维在《高效能人士的七个习惯》中有关人际关系的一个比喻，他称之为“情感账户”。当一个人帮助了他人，其实就是在他们之间的情感账户中存入一筹。一时一事，账户余额不足为奇。但一群人，特别是在具有领导力的人带动下，长期的互助互惠，很像资本的积累、投资和回报。

志宏在书中有关心力资本的阐述，在一个更加广义的领域，为中国的民营企业家如何为自身经营、商业文明和社会进步勾画出了一个新愿景。相信你读了后，会有启发。

李纲

埃森哲原全球副总裁、大中华区主席

2022 年 9 月 15 日

【诚挚推荐】

志宏兄倡导并推动“商业觉醒”，真正的觉醒无疑是从“心”开始，从“心”（也是“重新”）定义商业的意义开始。那么，商业之于从业者、之于人类生活的意义到底是什么？“觉醒”前定义的意义和“觉醒”后定义的意义又有什么不同？我想，这就是《心之力》这本书给大家开启的探索之旅。心之力在商业上应该呈现为爱之力？愿之力？信之力？根之力？总之它是天下至强至伟且至韧至柔之力，又由高低深浅的无数台阶构成，不可不察。

——刘东华，正和岛创始人、董事长

在听了李志宏先生“商业觉醒”的演讲后，又看到他的《心之力》书稿，发现这部倾心之作的定名，有他两个朋友——刘东华和郭美玲的贡献，而这两位又是我的神交好友，于是有了同频共振的感觉。

我最为推崇李志宏先生的地方是，在咨询顾问生涯到达世界级咨询公司时，断然离去，亲自下场“踢球”，来一场真枪实战的“人生的下半场”，在摸爬滚打的商场实践中来验证其理论框架，成为了当下中国（乃至世界）屈指可数的靠谱的

“企业家教练”。《心之力》所揭秘的由心之感悟、觉悟、顿悟，从而激发一发而不可收的企业家向上向善的使命冲动，就是作者的现身说法。强烈推荐企业家、公益实业家用心一读。

——徐永光，希望工程创始人，南都公益基金会名誉理事长

人生是一场穿越，或者直入谷底，或者穿越成漂亮的“U”形，这取决于你的心之力。李志宏先生这本书，不向外求，直指本心，体悟独到，启迪颇多，值得一读。

——钟国兴，中央党校教授、博导，《学习时报》原总编

新商业文明的构建需要商业觉醒，而商业觉醒的核心是心力觉醒。李志宏先生是商业觉醒和商业3.0的首倡者和布道者，《心之力》一书基于李志宏先生多年企业家教练生涯中对商业觉醒和人生意义的深刻思考与感悟，系统地阐释了在商业3.0时代，企业家如何通过心力资本经营来推动商业社会向兼善天下的本质回归。相信所有关注商业向善的管理者都会对本书的洞见产生强烈的共鸣。

——宫玉振，北京大学国家发展研究院管理学教授

在商道的漫长修行中，心是力量源泉和最高的方向盘。李志宏先生躬身入局，修远问道，得《心之力》大作，诚恳推荐。

——路金波，出版人，果麦文化董事长

“人生百年内，疾速如过隙”，不是所有人都有了断人生上半场、奔赴下半场的勇气。李志宏先生以自我的突破，呈现给我们一份真实、真诚、真挚而又满怀真情的《心之力》。这不仅是李志宏先生一个人的穿越，更是推动文明发展、社会向善的一群人的奔赴。

捧起《心之力》，总是能让我找到很多且久久回响的共鸣。“物或损之而益”，在人生下半场，我们对价值观的判断不再是“损”“益”，唯愿以过往为序，我们跨出的每一步都有星辰相伴，豁然开朗且怡然自适。

—— 孙莉莉，阿拉善 SEE 生态协会会长

在多年亲身管理企业和为企业客户提供咨询的实践中，李志宏先生借鉴国际经验，承继中国文化思想，在潜心思索和开发适应中国本土企业发展的管理理论和方法上进行了有益的探索并做出了贡献。我相信在继其《商业觉醒》之后的这部《心之力》著作对读者会有新的启迪。

—— 王波，埃森哲大中华区原董事总经理

【序】

什么是心之力

我的上半场充满着不断的“革命”。我总是在令家人和朋友匪夷所思的时候，在某个令人羡慕的事业高点，突然选择革自己的命，不再重复以前的道路，选择切换到新的人生轨道上。这些转变制造着机遇，同时也制造着危机。

2012 年以前，我的职业是一名咨询顾问，写过 ERP 代码，也创立过中国较早的咨询公司，之后服务于像 IBM 和埃森哲这样的世界顶级咨询公司，为跨国公司、大型企业、国有企业，以及一些优秀的民营企业，做各式各样的战略咨询、管理咨询和信息化咨询工作。

2007 年，一本叫作《人生下半场》的书，对我影响很大，让我第一次开始思考人生下半场的事情，誓言要做企业家教练。那时候尽管自己职场得意，但看着企业家客户们在商海中意气风发、企业内气贯山河的场景，作为一名在场外做指导的咨询顾问，自己心里确实痒痒的，总想着有一天一定要亲自下到场里踢踢球，酣畅淋漓地来一场真枪实战。一者验证一下自我理论框架的实践性，二者更想体验做企业家的那种感觉。现在回想起来，自己对第二者的渴望在那时可能更强烈。

就是在这样的情愫和冲动下，2009 年，我毅然辞别了自己心爱而又得意的咨询顾问职业，从 IBM 全球企业咨询高级合伙人的岗位上选择离开，只身来到一个全新的行业，到民营餐饮企业集团做 CEO。

之所以说冲动，是因为我来到了一个完全不同于 IBM、埃森哲这样的高技术和高智力驱动的知识密集型企业，而是劳动和草根密集的餐饮行业。十几年前的餐饮行业，远不像今天这样创新不断、异常火爆，那时技术、资本和人才都相当匮乏。所以在 2009 年，我的加入，不仅成了餐饮行业的大事件，而且各路人等竟然争相来看我，看看这是怎样一个胆大的人物，敢从 IBM 的合伙人职位上来闯荡餐饮行业。这中间也包括我的很多同事，像看奇葩一样地来见我。我也差不多是 IBM 咨询的合伙人进入民营企业做高管的第一人。随后我的老板和同僚们，很多都走上了这条职业道路。到今天，仍有很多人还干得非常出色。

这样的职业一做就是三年。也正是这次转行，让我开始对企业的运营与管理有了亲身的体验与深刻的理解。当然，这中间也经历了巨大的转型挑战，正是这段历程让我对企业家这一群体有了更深入的认知。随后，做企业家教练的人生新定位就愈发强烈。

2012 年 10 月离开餐饮行业，我全然进入一个新的人生阶段，致力于做企业家教练的事业。有了新的定位，加上自己的勤奋，便有了接下来的 9 年潜心于成长性企业的研究经历。在这 9 年当中，我有幸接触了超过 1200 位企业家，通过一对一的访谈和陪伴等形式，我开始对中国的企业，特别是中国的民营和中小企业进行了全方位的接触。

机缘巧合，在这期间，我也有幸参加到北京大学后 EMBA 中心的教学管理工作中，开始对商学院的企业家教育有了亲身的实践和体验。一边做着企业家教练的工作，一边在商学院做客座教授讲授 EMBA 课程，还一边参与教学管理。

有一天，我突然意识到：无论是过去的咨询公司，还是现在的商学院，都是在研究和讲授企业系统，却很少谈及创立与推动企业发展背后的那个关键的企业家系统。但恰恰就是这些企业家，他们才是企业背后的那个绝对力量和真正的推手。作为商业经济发展的主体，他们是最不应该被忽视的。我们常说国与国之间的竞争，本质上是企业与企业之间的竞争，归根结底还是企业家与企业家之间的竞争。

那么，企业家究竟是一个什么样的群体？他们又有着什么样的画像呢？当我们面对一个发展初期的创业者，或者是进入成长通道的中小企业者，甚或已有规模和成就的企业家，该如何去判定他以及他所领导企业的未来走势？在他身上究竟蕴含着怎样的特质可以引领企业跨越发展阶段而进入新的辉煌时期？同时又隐含着何样的盲点和短板，不加规避和修炼就会面临严重挑战或致命灾难？我觉得这些远比企业系统还要关键和重要。

IBM，一家百年伟大企业，远走过了创始人引领的发展时期。但百年兴衰，IBM 每一个时期的辉煌与衰败也同样与时任企业家的领导密切相关。最为著名的是 20 世纪 90 年代，IBM 几近破产和拆分的边缘，竟然在 40 多万优秀 IBM 人中都选不出胜任的 CEO，这也是 IBM 历史上绝无仅有的一次。后来，饼干企业纳贝斯克 CEO 郭士纳空降 IBM，硬是将市场、技术、人才和资金均不匮乏的 IBM 拯救回来，让大象重新跳舞。这就是企业家临危受命于企业命运转折时期的一个经典案例。

当意识到企业家系统这一研究和管理教育的着力点后，我便一头扎了进去。于是便有了 1200 位企业家的访谈和 9 年时间的专注投入，最终呈现了一幅企业家画像。也曾得到正和岛创始人刘东华老师的认可，他感叹，正和岛有 8000 名岛亲企业家，大家都想知道哪些可能是最终能成功跑出来的“鲨鱼苗”。

在这 1200 位企业家中，我也对部分企业和企业家做了一对一的教练和陪伴。起初，我想当然地认为，凭着埃森哲和 IBM 这样超级咨询公司的理论框架、方法论体系和最佳实践，辅导中小企业还不是手拿把攥，易如反掌？但是现实又给我上了残酷的一课。顶级咨询公司和商学院津津乐道的企业系统，在面对成长期的中小企业时，却有着天然的水土不服。

作为企业家教练，不得不去思考第二个问题：企业成长的历程中，是不是应该在不同的发展阶段，存在不同的成长动力模型呢？带着新的疑问和兴趣，探索的动力陡然再增。幸运的是，我似乎也找到了答案。

当一个符合企业家画像的苗子被发掘和被充分激活，一个企业的成长动力也可以阶段性被架构和实施之后，理论上这个企业就可以做大做强了。事实上，几年之间，许多我一对一陪伴的学员企业就这样快速地做大做强了。

2017 年，在做企业家教练似乎得心应手之时，新的更大的困惑接踵而至。我人生存在的价值又是什么呢？难道就是帮助这些中小企业的企业家由弱变强，变成更加有钱有势的亿万富翁吗？带着这样的疑问，我开始思考企业家作为人类少数存在的群体，他们应有的真实价值和意义，在商业和社会中是否还有高于经营与管理之上的存在？

最终，我认定：商业觉醒，用商业推动社会向上向善，才应该是企业与企业家从事商业所要追求的最高境界；推动商业觉醒，也才是我人生下半场做企业家教练一个不可分离的使命所在！

带着这样的认知和人生新使命，在我知天命之年，便有了“商业觉醒元年”。以“商业觉醒，向上向善”为主旨的《商业觉醒公益大讲堂》活动也拉开了帷幕，开启了一场场面对全国企业家的商业觉醒之路。在开展《商业觉醒公益大讲堂》的过程中，我对商业觉醒的定义和诠释，也逐步完善和体系化。更重要的是，“商业觉醒”得到了众多专家、机构和企业家的肯定和鼓励，并一致建议通过出版《商业觉醒》书籍来呈现和倡导这个理念，来引发更加广泛的企业家共识和企业实践之路。

好朋友李青老师也非常支持我写书的这样一个动机。他把资深出版人路金波先生推荐给我，于是就有了如下一段精彩的对话。

当路先生听完我的故事和书籍出版的思路想法后，他问道:“什么是商业觉醒?”我认真作答:“商业觉醒包含三个层面的含义。首先是心力资本经营，开启一个从物本经营跨越人本经营到心本经营的新商业时代。其次是让商者觉醒，特别是从事经营管理的企业家群体的心力觉醒。最后是广泛的社会意义，让商业成为推动社会向上向善的力量，让资源向物质价值和精神价值双重转化的效率最大化，人类社会因商业觉醒而更加美好。”

路先生听完后，略微思考了一下，说:“我不太有感觉，你能不能再讲一遍?商业觉醒到底是什么?”我先是一愣，最后还是按照他的要求，把商业觉醒的三个含义又完整地讲述了一遍。路先生接着问道:“在商业觉醒里，你最想告诉大家的是什么?”我答道:“心力资本经营。”路金波先生一拍桌子，大声说道:“非常好！心力资本经营这个词非常好！在农业和工业经济时代，社会是用体力资本创造财富。在知识经济和信息工业革命时代，是脑力资本在推动社会发展。随着人口红利的消失，体力和脑力供给出现新的挑战时，提出心力资本经营确实符合时代，也很有启发意义。体力、体力资本，脑力、脑力资本，心力、心力资本，我觉得你就应该用《心力资本》来命名你这本书。”

接下来的日子里，我日思夜想，开始构思《心力资本》这本书的结构。几天后，遇到了美年大健康集团副董事长郭美玲大姐，谈起出书的事情，她问道：“你这本书叫什么名字啊？”我说：“《心力资本》。”她说：“不太好，不如就叫《心力》吧。因为资本总还带有很重的商业味道，尤其是很容易让人联想到资本家。”后来跟刘东华老师的一次会谈中，谈起这本书。听完《心力》的书名构想时，他做了停顿，然后问道：“为什么不用‘心之力’？既然是推动人生圆满和商业进步的核心力量，‘心之力’多有力量感和让人不断开启的无限向往感啊！”

当再见路金波先生的时候，我说这本书的书名最终就叫《心之力》。问题又来了，金波先生问我：“志宏兄，什么是心之力？”

是啊，什么是心之力？

目　录

【壹】

一个人的九年穿越

进入职场以后一直做咨询工作。创立咨询公司，进入国内曾经最大的咨询公司，再到埃森哲和IBM这样的世界级咨询公司，一路奔跑。

40岁那年，在IBM全球企业咨询高级合伙人的岗位上，陡生了厌倦。看场下企业家踢球风生水起，心生了念头。不再甘于只做场外指导，决定亲自下场踢踢，于是就直接进入客户公司做起了CEO。那三年没日没夜煎熬着，过着比之前苦累10倍的日子，却也让自我更加清醒透彻。三年后毅然决然地立誓“三不做”，不回传统咨询、不做职业CEO、不创业。自此彻底斩断过往职场的全部留恋，开启了九年人生的中场穿越。

光鲜的世界级咨询公司的高级合伙人，还有新的人生可能吗？

3287个日日夜夜，78888个艰难穿越的小时，一个曾站在舞台中央接受鲜花和掌声的人士，突然隔绝以往的生活和圈子，这是一种怎样的人生体验？又是如何度过这么多个普通的日夜？曾被物质和成功包裹、极尽追求精致的职场人，就这样真的进入了另一个全新的世界。

此时，心之力，在这个满是唯物教育的脑力劳动者身上有了全新的体悟和结果……

一、身心疲惫，了断人生上半场

离开 CEO 的时刻

2012 年 9 月 28 日，与董事长预约的谈话如期在办公室开始。正如我所预想的那样，我们的谈话应该没有什么悬念，而且很快就会结束。因为我已下定决心辞任 CEO 的职位，离开这家公司。

整理好所有的物品，与同事们简单地告别后，我开始往家走。坐在回家的车上，忽然有点黯然神伤起来。这是我第二次从企业的 CEO 岗位上离职，不同于上一次。那时还踌躇满志，心里满是憧憬，当时所想这只不过是我做 CEO 的第一段经历，未来还会有更加精彩的大好机会。事实上，这第二家企业的行业品牌和影响力确实远高于第一家。

但今天，境况却完全不同了，我坚定地认为做职业 CEO 不应该再是我的追求了。到民营企业做 CEO 前，已经与做咨询顾问的职业决裂，如再不做 CEO，还有什么是我可以做的呢？想到这里，心里不禁一阵一阵地抽紧。

过往三年弹指一挥间

回想三年前离开 IBM 时，想象着郭士纳也曾作为麦肯锡的顾问转身 CEO，叱咤风云，不免内心憧憬，意气风发，总觉得受企业的邀请去做 CEO 将是我后半生不二的选择。因为做 CEO 不仅可以满足我利用理论知识指导企业实践的愿望，还能有一个非常好的职业新形象。所以在第一家企业工作时，我非常投入，而且为了做好 CEO 这样一个全新的岗位，我也给自己定了三个准则。

第一个准则就是，千万不要把自己当领导。因为只有和员工打成一片，得到他们的认可，我要推动的变革才有成功的员工基础。我也清醒地意识到，在老板亲手创立的民营公司内，如果一上来就所谓的新官上任三把火，革的不可能是别人的命，烧死的可能就是自己。事实证明，这是明智之举。我很快就与管理团队和员工融为了一体，而且很被老板赏识，认为我很认可企业，能跟广大普通员工打成一片。有了老板、管理团队和员工的信任基础，我在随后所推动的变革中才得以如鱼得水。

第二个准则实际上是在上任一个月之后才确立的，而且是在与董事长发生了一次激烈冲突之后。

加入之前，我是以 IBM 合伙人和这家公司的咨询项目 IBM 总负责人身份与董事长打交道，既是专家又是朋友，绝对地平起平坐，有时还有被仰视的感觉。加入之后，未做转换，习惯使然。于是对董事长主导的一些决策不认同时，总是想说服他，认为达成共识后才能行动，否则就会面临推倒重来的风险。当然表现出来的行为，就是对这些未达成共识的决定疏于执行。讲究民主，人人平等，是多年外企工作形成的思维和行为，当时并不觉得有什么问题。但在民营企业老板和特别倡导坚决服从与执行力的这家公司面前，这却是一件天大的事。

习惯于自己的指令就是圣旨的老板，当突然面对绝对的权威受到外来挑战时，就不干了。于是他勃然大怒，雷霆万钧。一场不期而至的老板和职业经理人的冲突，暴风骤雨般地就发生在了坐满下属和原 IBM 顾问伙伴们的会议室里，比我预期来得要早了一些，猛烈了一些，也着实难堪了一些。

老板是舒服了，我却不干了。紧急之下，我们共同的老朋友出面调停。老板表示了歉意，也决心以后一定要用更加紧密和坦诚的单独沟通来解决分歧，更要彼此尊重，合作时讲究方式方法。冷静之后，我也深刻意识到，我们作为组织的指令下达者，如果传达的指令不一致，讲究服从和高执行力的团队成员确实会发蒙，会不知所措，而管理和企业运作就会变乱。那一刻，我开始体会到“上下同欲，力出一孔”的威力。后来的实践证明，对于一个组织而言，这是何等的重要。

于是，第二个准则也就这样自我立下了：老板决策前和决策中，可以充分表达自己的不同意见，而且要增加沟通的密度和力度。一旦形成决策，就要坚定执行。作为 CEO 和空降职业经理人，最需要牢牢把握和坚持做到。在执行过程中，如果真的遇到了决策时的盲点和错误，立刻找决策人反馈和沟通，有理有据。

自从有了这第二个准则，我们的合作开始顺畅，彼此的优势都被整合起来了。更为重要的是，老板开始接受各种高管的声音，高管们仿佛重新找到了自我的价值和力量。

第三个准则，可能更是职业经理人进入民企都需要自我要求和约束的。民营企业家创立公司，全情投入，拼死拼活，无节假日，常年坚守，自然也希望与他分享成果的高管们也能爱司如家，投入担当。所以我给自己设定的第三个准则就是：坚定地投入，早到晚走，节假日也尽量抽空下基层到门店，调查现状，解决问题。本想设定到公司的时间要比董事长早，离开办公室要比董事长晚，只可惜后一点根本做不到，因为这家公司的老板就住在公司附近的酒店，根本不离开公司，还是一个典型的夜猫子，半夜才睡，9 点才起。

正是在这样三个准则的自我要求和支撑下，在第一家公司的 CEO 岗位上，我干得热火朝天、风生水起。

尽管每天早上 8 点前就到办公室，夜里 10 点、11 点才能离开办公室，一周仅有一天休息时间还常常休不成，差不多每天都是排满的会议日程，案头高摞着总也批不完的文件，不断汇报上来要处理的各种问题，应接不暇的干部和员工谈话，可是内心却感到无比的充实。眼看着一个一个年轻人被激发、被点燃，非常欣慰。也因为集体的智慧，加上公司广泛引进的世界级各类咨询公司的力量，我们成了行业管理示范的标杆企业，也因此获得了中国餐饮行业国家级科技奖——“2010年度中餐科技进步奖——特等奖”，从未有过的成就感油然而生。

但是民营企业毕竟不同于跨国公司，它的节奏以及它对体力付出的强度远超我的想象。每天早上7点多离家，夜里11点以后才能离开公司的日子实在让身体吃不消，同时还要承受变化莫测的董事长给的各种压力，半军事化的管理和高压文化氛围与外企截然不同。此时我还天真地认为，可能只有这一家企业是这样，也许我换个地方，就不用面对如此大的压力与工作强度了，于是我就离开了第一家担任CEO的公司。

离开办公室，也是自加入这家企业以来，第一次在白天时光里可以下班回家。行走在大路上，清新的空气，煦暖的阳光，更有开阔的明亮，那一刻真是感觉到生活和人生未来的无限美好。

我认为有了这第一份做CEO的经历，第二份CEO的工作应该更加如鱼得水，所以后来我又进入了第二家企业做CEO。不曾想，在第二家企业担任CEO的压力不仅没有降低，反而成倍增加。如果说第一家公司，我与董事长之间的冲突是来自对事情观点的不同，那么，第二家我认为本质上就是价值观的冲突，是一种为什么要做企业以及如何做企业的一种深层次的思想冲突。所以，在第二家企业不长的日子里，这种压力与不适应，日甚一日，最终让我感到绝望，让我对“企业家”这个曾一度在我心中处于中性的词，产生了怀疑和些许的负面看法。

三年时间就这样快速地过去，做CEO的日子如此的深刻，既体会了充实又感到疑惑和不安，也让我人生第一次无法想象未来。

反思咨询，反思职业CEO

反思过往三年的工作经历，在第一家企业之所以感觉能干得如鱼得水，其实是跟自己的定位和能力体系非常匹配。因为在这里，分管的是公司的职能业务，包括战略规划、组织模式、人力资源、企业文化、财务管理、品牌策划、公司运营、信息化等非业务经营的职能体系。同时我们还聘请了世界各大咨询公司，聘请了最好的顾问，组建了一支豪华的管理变革团队，对公司管理的犄角旮旯和方方面面都进行了细致的咨询和标准化的梳理，并将差不多所有咨询能够想到的理论方法与工具，都应用到了这家企业。在我的记忆当中，只有像华为这样有实力的公司做过如此大规模的咨询，而对一家中等收入规模的企业用此类方法去建立管理体系，绝对空前绝后。尽管这家公司也因此获得了行业里的中餐科技进步特等奖，在服务行业也成了管理的标杆，至今还让人敬佩。

回过头来看，如此多的咨询投入和咨询成果，真的指导了公司的经营吗？后来的发展证明，我们的咨询确实做重了，做偏了。偏离了企业的本质 —— 以经营为导向，把管理当成了企业的目的。如此多的管理体系、管理流程、管理表单、管理工具、管理系统，究竟是在释放员工的活力，还是在捆绑员工的手脚？现在想来，都让人颤抖。如果不做管理，咨询公司能帮到企业的经营吗？我开始思考咨询的价值：我还能回到以前的咨询行业吗？把大公司的最佳实践和给大公司做咨询的方法还能往这些成长性的企业身上去复制吗？

再来看做 CEO。在第二家企业，董事长因为面临业绩持续下滑，迫切希望我能帮他扭转局势，拉出一个漂亮的“V”形业绩曲线，以便 IPO 上市。于是我开始涉足一个咨询顾问特别不擅长的领域：门店经营。

我想当然地认为这件事情我应该可以做好，便一头扎进门店，起早贪黑地工作，在 7 个月的时间内跑遍了全国 70 家门店，而且也非常投入。去每一家门店，都会在前厅后厨，特别是厨房，去了解菜品是怎么制作的，厨房是怎么运作的，菜品的质量该怎么控制；前厅应该如何检视，以及如何优化；一线员工应该如何引导和激发；特别是面对形形色色的顾客，我们应该如何去链接与转化。这些挑战让我如此兴奋，但常常又是如此爱莫能助。因为它不是简单建立几个体系就可以，它涉及非常多的有关经营层面的深层次话题：业态、定位、产品、菜单、竞争、营销、品牌等问题，都是关乎企业命运和深层次的生意经的问题。这已经是在挑战自己过往能力的舒适区，再加之这家企业又面临着上市有“输血”现金流的要求，对业绩改变的期望和要求是如此迫切——要立竿见影。

一切深层次的转变都需要大手术、大变革，创始团队没有一人愿意，文化的阻力更是空前巨大。作为一个 CEO，真有这样起死回生和扭转乾坤的能力吗？

反思越是深刻，对自我灵魂深处的痛斥也就越发强烈。追求 CEO，究竟是为名声还是为价值？这是你应该拥有的人生下半场吗？如此去追逐，还有人生下半场吗？

中年危机如期而至，这一刻，《人生下半场》一书中描述的场景赫然在目！

刮骨疗伤，伤更痛！

立誓“三不做”

不寒而栗中，甚是迷茫。

但此时我已坚定地认为，传统咨询与 CEO 已不再是我的追求。既然未来没来，那就先断吧，斩断内心可能再回去的欲望与冲动。我给自己立誓“三不做”。

第一，坚决不回传统咨询。因为我亲历和见证了在成长性企业中，尽管使用了如此精细、高级，甚至完善的咨询方案，企业却收效甚微，因为管理并不能拯救经营。传统的咨询应该更适合业务、架构和文化复杂的大公司，但是对于成长性企业而言，这样的做法是不对的，也是不能做的。而再回去从大企业一单一单揽项目，一单一单做项目和咨询报告，已不再是我的兴趣所在。

第二，坚决不再做职业 CEO。回想曾经服务的都是外企和国有大企业，接触的真正意义上的企业家并不多，所以对企业家理解还不深刻。自从跟这两个企业的掌门人有了朝夕相处的共事经历后，企业家在我心里开始变得有血有肉、有画面了，只是这时有了些许负面的感受。如何助力企业家和他们的企业更好地发展，那时并没有想清楚。更何况，当洞悉到自己做职业 CEO 还有那么一点不纯粹，为名为利，就更不能去"轮回"了。

第三，坚决不创业。前两项用半生的力量都没有弄明白，为何又要匆忙地开启第三项更未为可知的职业呢？

不回到自己的传统本行，不再做职业经理人，又不创业，能干什么？无路可走！

做"路人"的日子

决定"三不做"以后，无事可干。

这时老朋友白立新博士邀请我说："反正你也没啥事干，咱们一起去贵州龙场，去阳明先生开悟的道场悟悟道吧。"我欣然应诺。是啊，确实也没啥事干。于是一行 28 人来到了龙场，这中间有企业家，有经营者，也有专业人士，反正都是追随阳明先生而来的。

彼此介绍时，大家都洋洋洒洒地介绍着自己，公司，头衔等。唯有我，一无业游民也，无单位，无职务，也无事业。自己不太愿意讲过去，自然也没啥人注意和搭理，俨然“路人甲”的样子。

自此，我形容自己开始了做“路人”的日子。没有舞台，没有簇拥，没有鲜花，没人关注。趴在角落的地上，看还有没有东山再起的可能。人一旦趴在地上，也就接地气了，心态也开始好了起来。跟着大家一起当同修，做学生，读《传习录》、写家书、传家书，也不亦乐乎。

二、探寻人生中场新的可能

新的“土壤”

在做“路人”的日子里，大家也日益熟络起来，自己的背景和那点辉煌也被大家知晓了，于是一些企业家开始邀请我给他们做企业顾问，慢慢地接触的企业家和企业越来越多，各行各业的，但大多是成长性的中小企业。

他们或经历创业初期的缺产品，缺资金，缺市场；或经历发展中期的缺技术，缺体系，缺人才。但都缺对深度变化的商业环境中未来机会的把握，缺成长路上跨沟越坎的经验和勇气，更缺引领组织到更高阶段的自信和笃定。

当这一个个鲜活的企业家个体和故事跃然眼前，期望我能对他们有所帮助、有所指导时，一颗尘封时日的种子破壳而出的急切感和喜悦感就更强烈了。因为种子找到了新的土壤，可以孕育新的可能了。

发现新的存在：做学问

接触越多、越深入，发现他们面临的真实问题也就越深刻。归结起来仍是咨询公司定义的那些问题：战略问题、模式问题、组织问题、营销问题、人才问题、文化问题等。但通过对咨询工作和两家企业实战运营经历的深刻反思，我时时警醒和敲打自己，绝不能用传统咨询的套路去解决！这些成长性企业更需要的是问题解决型的思路和方法、工具，要具体，要简单，更要可落地，最好还能立竿见影。

这就是中国绝大多数成长性中小企业和企业家们所面临的真实生存环境。

环境不可改变，那就选择适应。

于是我开始勾勒做企业家教练的脉络，多年做顾问养成的职业直觉也告诉我：要开创出一条适合这个目标企业家群体，针对他们所面临的真实问题的解决之道，也就是和传统咨询方式所不同的新的方法论，那时我把它称为“培训式咨询”。

中小企业在经过直觉式的机会选择并创业成功后，市场、客户和产品都面临着升级，选择更宽更大的赛道是必然之举，也就是战略问题。柳传志先生更是在21世纪之初就反复讲道:“中国企业过往的发展是不需要战略的，因为机会遍地皆是。但随着竞争的白热化，随着产品的同质化，中国企业家的战略能力是当今最迫切需要去解决的，这是企业家最需要补上的一课。”中小企业家亦是如此。

有了课题，就要投入研究。

不走老路，就要另起炉灶。

做学问的激情一下就被点燃。

要创新，首先要学习。

于是我把过往在IBM、埃森哲以及与其他战略咨询公司合作做的战略咨询项目的方案全部找出来，研究这些咨询公司做战略背后的共性。同时又把战略领域最权威的十多本书籍都买回来啃读，包括迈克尔·波特（Michael E.Porter）、菲利普·科特勒（Philip Kotler）、彼得·德鲁克（Peter F.Drucker）、刘维等著述的战略相关的书籍。

在理论之外，我又结合两家工作过企业的需求场景和使用场景，开始做内容抽离，知识萃取，新方法论建模和开发。开发出方法论之后，再与原来的资深战略顾问研讨，接受挑战，再开发，再呈现。最后客户试讲，辅导，验证，反馈，再完善。在这一系列工作之后，“成长性企业业务战略设计七步法”诞生了，理论、方法、步骤、最佳实践、案例、工具、模板、表单，完全耦合在一起，它既是一套制定战略的教科书，又是一套咨询方法论，更是一套企业实战的工具包。

在业务战略之后，是产业洞察，战略解码，战略绩效运营，再是价值营销，再是本真领导力，组织重塑，文化落地，成长性企业快速诊断……

自此，自己完全进入一个做学问的“心流”阶段。我是如此充实，又是如此投入，我把它称作“做学问”的喜悦。

当企业家教练

按照自己开发的系列“培训式咨询方法论”，我开始跟成长性企业的掌门人以及核心高管团队一起，针对某一特定主题，在 2～3 天的时间里，通过工作坊课程的形式，集体完成评估、梳理、规划、成果和行动方案，引领大家进行头脑风暴、深度研讨、碰撞思考、决策辩论，然后进行集体提炼与升华，并最终形成客户针对这一主题的结论，以及实施推进方法，最后还形成一套企业可以留存和持续使用的团队工作方法和工具模板。原本咨询公司需要数月、上百万元费用才能解决的某一专项问题，现在几天就可以解决，关键还是企业团队自己协作解决的。

这一刻，我找到了做企业教练，而不是咨询顾问的新感觉。

在这样的教练过程中，我也欣喜地看到：

第一，习惯拍脑袋决策的老板们现在也为直觉加上了理性的思考。丹尼尔·卡尼曼（Daniel Kahneman）在其巨著《思考，快与慢》一书中就深刻揭示出：人的重要决定均是通过大脑的快思维，也就是直觉做出来的。但直觉更是建立在长期理性的认知，也就是另一个大脑，慢思维的基础上。

作为一名心理学家而获得诺贝尔经济学奖，丹尼尔·卡尼曼的研究和成果确实给我们的决策者以震撼。特别是对于那些自诩直觉超强，从未失过手的企业老板来说，当决策的难度与维度随着企业规模和决策金额陡增时，如果仍是一味根据直觉拍脑袋，往往就会输在成功 9 次后的第 10 次直觉惯性决策上，这样的例子不胜枚举。

所以，让快速奔跑的成长性企业家们停下来，用战略的逻辑和方法理性地进行慢思考，抬起头看看远方的路，复盘一下过往，检视一下当下，认真思考一下企业的未来，这是他们以前绝对没有感受过的收获和喜悦。

第二，习惯于听话和执行，与老板沟通往往不对等的高管们，也终于有机会可以在一个场域里与老板平等沟通，表达自己的看法和观点，时不时地还可以挑战一下老板，目的只是发现问题，找到突破的解决之道。就这样，企业中平常隐晦的问题被暴露，积攒的隔阂慢慢被消融，亮点和新思路也会时时涌现。

更为重要的是，专题工作坊中，各种利弊分析和方案讨论团队都参与了，决策的过程也参与了，自然对最终决策制定的理解、共识以及坚决执行的愿力也就加强了，这恐怕是组织建设中老板和团队都最想看到的局面和结果，这也是让我感到喜悦的最重要的第三点。

久违的成就感又回到我的身上，做企业家教练的定位也日渐清晰和明确起来。

做客座教授

做学问的最高境界，莫过于能够走进著名学府，教授自己的知识与方法，与大家分享、交流心得与感受。对此我也是心存向往。

机缘巧合之下，我走进了中国人民大学商学院的 EMBA 课堂，这是人大商学院精心打造的一个企业家商学教育 CMPM 课程，通过引入亨利·明茨伯格的管理思想，以缩短教学和实战之间的距离，使学员能够在课堂上真正投入实战或模拟战中，来体会管理对他们的帮助和影响。当接到上课邀请的那一刻，内心抑制不住地怦怦狂跳，不仅是当下梦想成真，更是弥补了当年高考的缺憾：作为中学校长钦定应该去报考人大、以确保各大名校都有本届母校毕业生的种子选手，我竟辜负了校长，没能如愿以偿。

走进校园，眼见葱郁的林木，整洁的环境，欢快如奔鹿的学子，慈爱如兄长的教授。教学大楼比原来印象中的要高大，教室一片明亮，布满了各式现代化的教学设备。宋远方院长热情洋溢地介绍了我的背景，商战归来的一个个企业家眼中充满着学习的渴望，精神饱满，全情投入。

每每想到这一刻，我都十分感慨，这就是中国企业家的精神，他们隐忍，坚守，勤奋，拼搏，硬是白手起家，还义无反顾。工作日十几二十小时地工作，周末和节假日几乎都奔向了学习的课堂，他们迷茫但又不怨叹，永远都奔跑在学习和自我改变的路上。

因为有实战，还有自己的体系，幸运的是我的课程还受欢迎，也得到了学院领导的认可，因此获得了人大商学院EMBA客座教授的头衔。对我来说，这是一个极大的荣誉！我又一次沉浸在拥有“光环”的日子里，开始认为大学教书是我的向往。

好梦似乎一个一个在成真，随后我又兼任了北京大学后EMBA中心主任、北京大学国发院BiMBA商学院助理院长，山东大学领导科学研究中心合作教授，接触的都是来自全国各地的企业家。

自此拉开了与企业家广泛而深入的接触和访谈。高峰期，连续几周，每天都要面谈10～20位企业家，了解他们的行业、企业发展、成功脉络和面临的挑战，让我对中国企业家群体的认知又鲜活了很多。

做私董会

2013年年初的一天，一位企业家学员突然跑来对我说：“志宏老师，你带领我们做私董会吧。现在有很多人在尝试，而且企业家们也参与踊跃，私董会非常新，也非常有价值。”

在网上一搜索，发现这是一个从美国引进的非常成熟的学习模式，大概形式是十几位来自不同组织的掌门人或高管，组成一个固定小组，定期聚在一起，非常私密和坦诚地就他们面临的问题，用一套严格的流程，用彼此的经验和智慧帮助彼此，解决别人的问题的同时也启发自我的思维。这里面有一个教练做主持、引导和启发。而且我还注意到，网上的这家公司正好当月在上海就有一场学员招募的体验私董会。我毫不犹豫，当即买了机票，飞了过去。

在一间摆着“U”形会议桌的教室里，16 位彼此陌生的体验者围桌落座。流程娴熟的教练，按照标准的八步法，穿针引线，引导大家的发言和思维。慢慢地，话题被激活，讨论也开始热烈起来，满是企业经营管理经验的体验者们开始打开了话匣子。但教练时而打断，时而退隐，时而转换，时而收停。确实很有趣，一帮彼此从未谋面且自带“套路”的精英，硬是在教练的流程和引导下，安静了下来，投入了进来。最后，临时选举的案主真的感慨收获颇丰，每一位体验者也都表达了有所收获，连我也觉得很受益。

回来后，对照《商业评论》杂志对私人董事会的专题文章，结合自己的理解，我马上就草拟了自己的私董会运作规范，并结合自己的咨询优势，加入了有利于案主问题挖掘的议题模板，大胆的尝试就这样开始了。

一周后，我就召开了自己人生的第一场私董会。这次私董会来了 20 多人，都是曾经熟悉的企业家和企业经营者朋友。因为彼此熟悉，所以大家进入角色就比上海的体验私董会要快，挖掘问题的深度和维度也明显不同。

我至今还清晰记得，其中一位企业家在谈到他和他父亲的关系时，哽咽不已。跨越了创业的大山，但就是跨越不了父亲这座大山。坚强背后的脆弱和内心不自信，总是让他在前行的路上，一旦碰上父亲的眼神就望而止步，不敢向前。50 岁的人了，这个“结”始终困扰着他，他常常在夜里搬着小板凳，坐在公司门前的空地上，仰望星空，大脑一片空白。

这就是企业家的真实处境，坚强的背后总有无法逾越的坎儿，或看到，或看不到，但总是阻挠着他们的前行。

短暂的四小时会议里，案主看到了自己的问题，从案主身上同僚们也都照见了自己。于是大家都爱上了私董会，我也找到了做企业家教练的群体教练新模式。接着，广东省第一个企业家私人董事会小组就这样在企业家董事成员的共同发起下正式组建和启航了。一年后又有了广东第二组，再后来有了北京组。200 场正式企业家私董会就这样写入了我的企业家教练历程。

开办“1+N 企业商学堂”

在要求自我不断学习，知识与能力也不断提升的同时，前行的企业家常常更感孤寂，因为团队与自己的差距越拉越大，越来越跟不上自己的前进步伐。有的企业家尝试花重金把高管们送到商学院去学习，但高管们要么回来后看不上原有的老板和平台选择离职了，要么带着各种从商学院学来的知识却形不成适合自我企业的思路和工作方法，老板更着急。当然还有更多的成长性企业家，根本没有实力将他们的高管送到商学院里去深造。培训机构的培训看上去管用，但基本都是零碎的，系统性不强。

利用我善于发现问题，也善于创新的优势，我率先提出和尝试“1+N 企业商学堂”的新型团队学习模式。让企业掌门人带着自己的高管团队，跟另外几家企业的掌门人和高管团队，组成一个商学堂。大家就共同关心和面临的经营管理主题，每次集中几天，按照前面提到的“咨询式培训”的工作坊方式，针对自己企业的情况，展开理论学习、案例解析、工具导入，形成各自企业的解决方案。然后接受导师的咨询建议，横向汲取同课堂其他企业团队的思维和反馈建议。

这样不仅向课堂老师学习，也向一同学习的企业团队学习，更重要的是让团队更加紧密地凝聚在企业家的周围。“比帮赶超”的学习氛围，让彼此私下的企业间学习与结对子的氛围也开始建立起来。成长性企业家们渐渐找到了集体出发的新的学习模式。

在商学堂开展得如火如荼之际，我自己对做企业家教练的探索也走到了一个新的阶段。

尝试一对一陪伴

企业成长路上的问题总是按下葫芦又起瓢，层出不穷。企业家和团队的潜能开发和能力重塑也不是一朝一夕能达成的，但企业家渴求企业发展的愿力却是与日俱增。导师如何从培训、咨询走到陪伴，就变成了一部分心性极高的企业家的迫切需求。这不仅需要把方法、方案带给企业，更需要在陪伴过程中，深刻地理解企业、企业家和团队，有针对性地给出解决方案，并跟踪和辅导落地，进而解决问题，做出成果，最终让企业跨越成长的阶段，成为领军企业。

这或许是企业家教练的最高级形式，当然也是最具挑战的形式。但在此过程中，影响企业家的将不仅是做事的一招一术，更会涉及企业家心性和组织文化、愿景、使命、价值观重塑的深层次问题。

我认为这种探索更加值得和有意义，于是一头扎了进去。几年下来，已有陪伴的企业成了行业隐形冠军、上市公司或领军企业。

做学问的五重境界

当教练、做教授、做私董会、开办“1+N 商学堂”、做一对一陪伴，每一个山峰都充满令人惊叹的风景。二十余年经由大公司背景塑造的咨询体系，被自己完全击碎，在一点一滴的历练和雕琢中，新的知识体系、问题解决框架慢慢被重塑，我仿佛看到了一个全新的自我在逐步呈现。

打交道的企业家形形色色，企业现场又是千差万别，问题和需求总是林林总总，不一而足，但这让我乐此不疲。

为他人解决问题的愿力越强烈，沉睡的潜能释放就越巨大，我越来越坚信人都是可以突破的。

回想以往，大学读了机械制造专业，在机械制图时却总是把投射视图搞反，毕业设计差点儿没通过。研究生毕业后当了码农，却写出死循环的程序，只得请同事相救。现在却在做学问中找到了新生，并真正开始体会到我的一位敬重的郭春林老师所描绘的，做学问所要跨越的五重境界。

首先是兴趣使然，这是我的喜爱。

其次是踏迹无域，我也开始了更加广泛的涉猎，而且好奇心和探索心与日俱增。

再次是沙漠成林，硬是坚持自我开创，我创立了一套培训式咨询方法论和学习方法。不仅在方法上，更是在关乎企业经营管理和企业家成长的核心内容上。

我觉得我来到了半山腰，也穿越到了隧洞的中间地带。至于浑然天成和信仰至上的第四和第五重境界，我觉得我也在无限接近。

前进的道路不是一直平坦，但攀爬和穿越的决心和力量却是与日俱增。

突破自我，成为专栏作家

与企业和企业家接触多了，案例做多了，思考多了，做学问的时间多了，当然对问题的理解与独立见解也就更深刻了。2015年，我欣然接受《商业评论》杂志的邀请，在专设的“志宏点拨”杂志专栏中，开始撰写每月一期的管理专栏文章。

在决定写专栏文章之前，心里是有一定的恐惧的。当年高考时，语文满分120，但我只考了70分，失分重点就在作文这一弱项。我能写好吗？这个短板可以突破吗？

忐忑中，我又想：不要把它当成写作，而是在讲述一个个鲜活的企业家的故事，并借由他们的故事和企业案例，来揭示背后的洞见、自己的拆解以及解决框架，岂不自然而然、水到渠成？

按照这个思路，再加上自己多年来养成的结构化思维和逻辑表述，我发现写文章也不再难了。每月一篇，一写就是三年。据杂志社的反馈，我的文章很受欢迎，文章清新、流畅，其中有故事，有理论，还有方法。而且其中一篇文章《多谈经营，少谈管理》，还成了2015年度十大最受欢迎文章之一，并且我也成为管理界第一个提出“经营要大于管理，企业应以经营为重，管理永远只能是为经营服务”这一理念的人。

随后又应邀为《企业管理》杂志写专栏文章。2020年因新冠肺炎疫情暴发，大多企业经营突然遭遇困境。危情中，我连夜赶写的两篇文章《企业活下去的六大保卫战》《企业复工的五个顶层思维》荣登当年度《企业管理》杂志微信公众号原创文章阅读量 TOP20 之第 5 位和第 18 位。

2021 年 6 月，我用六年撰写的 50 篇专栏文章由企业管理出版社编辑为《商业觉醒》一书，正式出版发行。

因为每一期的文章都很受欢迎，骤然间我居然成了一个受人喜爱的专栏作家，并因此也结识了很多因为阅读了我的文章而慕名相识的企业家朋友。

三、穿越中场第一道“黑暗”：从事到人

一次重击：懂事，不懂人

有了观众，有了掌声，我似乎又找到了重新登上舞台中央的感觉。

这天，在私董会圆桌会议后的晚上小聚中，几位企业家带着对当天案例复盘的兴趣，讨论很是热烈。茶过三巡，那位刚刚入组、穿着入时、说话犀利的企业家董事，情急之中突然跳出来对我说：“志宏老师，在方法、体系、架构以及经营管理的洞见方面，你确实很有建树，对我们的启发和帮助也很大。”看似表扬，但我知道她一定还有话要说，这帮在商海中摸爬滚打的“人精”们，说话的套路我已了然于胸。

确实！她继续说道："我们这些做企业的，今天面对共同遇到的困惑，远比'事'的层面要来得深刻和刺痛，而且今天要真正走出困境，非得从'人'出发不可。我们都是一个个鲜活的独立个体，有成功，也有失败，有完全不同于他人的独特基因，更有不为自己所知的盲区和卡点，这时需要有人理解，并帮助化解。所以，只有从企业家的'人'出发，'事儿'才有可能被根本解决。说句可能会让您不高兴的话，您是重事不重人，懂事不懂人。"

谈话戛然而止，陷入一片沉寂。当时我内心五味杂陈，不一而表。抿了一口茶，我打破尴尬，说道："重事，不重人，从人开始，非常好……""那，你说说可以如何调整？"表面上沟通仍在继续，但内心的刺痛从丢面子、嗔恨，转向自问、认同，再转向惭愧、自责，仿佛时空一下跨越了十万八千里。

当晚失眠了，思绪如雪片般飞来。自2012年立誓"三不做"以来，职业不再紊乱，立足于成长性企业家教练的赛道也是明确的，对知识和体系打碎完全重构的思路也是对的，尝试各种教练模式似乎也对。自己的聪明和勤奋投入也是完全够的，除了见企业家、上课、辅导，还要读书、开发课程、写作，几乎天天都是"996"。

很忙很充实，而实际效果如何呢？企业家见了不少，课也上了不少，但因此让企业和企业家双转变的比例又有多少？想到这里，不禁身体一阵一阵抽紧。窗外是漆黑的夜空，黑暗一重重包裹过来，仿佛坠入深渊……

人生最大的恐慌：新新人类要淘汰我

打击接踵而至。

2015 年是电子商务再次蓬勃发展的一年，也是电商对传统企业冲击最为严重的开启之年。在这一年，国家也启动了“大众创新，万众创业”的双创活动。于是，创业创新的全民浪潮一下就席卷而来。

年轻、拥有全新知识结构和教育背景、具有互联网思维、受良好家庭物质基础支持的一大批“新新人类”走上了历史舞台。代表着新势力，对一切传统，包括传统的产业、传统的模式，当然也包括传统思维，以及具有传统思维的人，更包括上了年纪的“传统”力量，都发起了强有力的冲击。他们口口声声要颠覆一切，像 IBM 这样的老牌大公司，更是他们要颠覆的对象。应景的是当时的 IBM 也是在云计算和大数据这样的技术浪潮下确实反应迟缓，正经受着低迷和徘徊。颠覆 IBM，言外之意也要颠覆具有 IBM 思维和打着 IBM 标签的人，我不就是其中之一吗？

当时我的身份是独立学者和独立顾问，支撑自己的很多思维元素都来自 IBM，这岂不是要置我于死地？刚刚四十多岁的美好年华，就要被新一代所淘汰，内心的煎熬、不安和恐惧陡然而生。

常常在梦中惊醒，不断叩问自己：我还有未来吗？如果有，那又凭什么可以走向未来？我的思维和知识结构真的还能担此“企业家教练”的大任吗？

恐慌从未如此强烈，新新人类要淘汰我！

满世界找答案

应激反应自然会催生应急行动，我立即加入企业家全球游学的队伍中。

（1）看日本工匠精神

第一站去了日本，了解什么是日本工匠精神。我们见到了受人尊敬的秋山木工社的秋山利辉老人，他用40年时间培养了50位“通人”：与父母通、与妻子通、与子女通、与老板通、与员工通、与客户通……

老人家现场为我们解密了其作为日本国家象征的工匠精神代言者，是如何将一个个工匠苗子选出来的。

他的道理非常简单。就是面对一个高中毕业的孩子，他会去面试孩子的父母，并考察这个家庭是不是三代同堂、生活幸福。一个字，就是检验这个家庭的“孝”道。是否孝敬老人，是否孝敬父母，是否保持着孝敬这一古朴而又悠久的家风传承。而且在培养“通人”的过程中，首先与父母通，百善孝为先，不是为钱工作，是为客户工作。用的是工具，通的是人心。

他毕其一生，将其总结形成的“匠人须知三十条”整理成

《匠人精神》，2015 年 11 月由中信出版社在中国出版发行。

“以孝选人，以孝育人，传承师徒制”，简直就是中国传统文化的延续和再现。难怪秋山老人一见到中国的游学团，就鞠躬说道“中国的祖宗来了，给祖宗行礼了”，好可爱的老人！

大道至简，让人大开眼界。育人育心，精神的传承与坚守，更让人心灵触动。

（2）感受硅谷创新

第二站去了硅谷。

汽车飞驰在旧金山湾区的高速公路上，道路两旁的广袤大地一片荒凉。缺少雨水的美国西部，仲夏时日，让人感受到的却是秋日枯黄，草木衰落的景象。

但一走进斯坦福大学和硅谷，一下就被全世界创新引领的氛围所包围。

在斯坦福大学，第一次看到了他们教育的不同。教授不仅要书教得好，更要检验其是否有成功创业的经验和背景，否则就称不上好教授。学生更是被鼓励做创业尝试，比尔·盖茨辍学创业式的故事，在这里确实是家常便饭。

游走在各个创业公司和孵化器里，扑面而来的新技术和新模式，正一点一点地颠覆着我们的认知和想象。这不愧是世界第一创新高地的硅谷，仅 4000 平方公里的土地面积，不到全美 1% 的人口，却为美国贡献了超过 2.5% 的 GDP，并不断产生世界级公司——逐渐老去的惠普，步入中年的甲骨文、英特尔、思科，如日中天的苹果、谷歌、Facebook，更有新锐的特斯拉、Uber、Airbnb 和 LinkedIn。

互联网、创新、风险投资、创业，国内耳熟能详的热词，在几天的游学中更显灼热：一样的好奇与探索，一样的观察与思考。直到听完 LinkedIn 公司的业务介绍后，我那颗急切的心才稍有平复。LinkedIn，也就是我们常说的“领英”，一个拥有 3 亿会员的全球职业社交网络，我们身边的大多数白领都活跃其上。在我们心目中，LinkedIn 的原有形象是高市值、互联网、社交网站，想象中的玩法是不断烧钱扩大会员数量，获得大量广告收入，再做平台开拓多样收入，贯穿始终的是时髦的花样网络营销。

前期的 LinkedIn 确实是这么操作的，但其实他们还有很多你无法想象的“老土”方式。2015 年的 LinkedIn，主要营业收入的约 50% 来自与大公司招聘有关的工具软件销售，这个业务的年营收以 30% 的速度在增长。更“老土”的是，全公司 7000 职员中有约 2000 人是 B2B 销售人员，而且销售方式还是我们很少再提及的探求阶段的呼叫中心和成交阶段的面对面销售。唯一不同的是，在丰富与深刻的大数据挖掘与分析基础上，销售更加精准和自动化，新销售人员可以做到在两小时内被培训上岗。

LinkedIn 的做法，让我看到了商业实实在在的不变本质。这一点，让我对国内新新人类掀起的“淘汰”浪潮开始不再那么焦灼了，对互联网公司“高大上”的认识和钦慕感也开始落潮。回国后，我就写了篇专栏文章《电子商务的真面目》，发表在《商业评论》杂志 2015 年 10 月第 010 期。

（3）在谷歌我看到了“幸福企业”的样子

在硅谷的游学中，最让我震撼的要属谷歌公司。一个曾以为不可能的乌托邦式的“幸福企业”赫然在目。

免费的食堂，敞开式的办公街区，员工不仅可以自我安排自己的工作，还可以带宠物上班。这样的工作氛围是否意味着员工该不努力和上进了？事实上，在谷歌公司的展厅里，我们看到了大量人类创新前沿的新产品和新应用。特别是通过热气球上网这一产品：在非洲大地上空部署热气球，连成无线网络，让当地老百姓可以上网，链接到互联网世界。从商业上看，这可能并不是个好项目，也许根本不赚钱，但谷歌的员工却开发出了这一“平权技术”，只是为了让人类平等享受高科技给世界带来的进步和便利。在这里你还可以看到更多将改变我们未来生活的新发明、新技术和新应用，这是一家立志要真正改变世界的公司。

后来通过阅读谷歌掌门人埃里克·施密特（Eric Schmidt）著述的《重新定义公司——谷歌是如何运营的》一书，答案露出了端倪。

首先，公司创始人们将谷歌人定位成了“创意精英”，也即是有抱负并乐于（也有能力）利用科技去挑战更多可能的人。创意精英认真努力、敢于挑战现状、敢于从不同角度切入问题，同时也是具有极大影响力和对未来社会有价值的人。他们的驱动力是创造带来的成就感和社会价值，自激励是他们的显著特征。

所以，为创意精英赋能就成了谷歌公司运营的总基调，目标是激起创意人的兴趣和动力，敢于挑战。OKR（Objectives and Key Results）就是在这种背景下被谷歌应用的，用来挑战不可能为可能，激发目标感和使命感。

再有就是经验形成的“70/20/10”资源配置原则，将70%的资源配置给核心业务，20%分配给新兴产品，剩下的10%投在全新产品上。这个“70/20/10”原则本质上也是谷歌人的工作原则，因为这个“20%时间”工作方式，允许工程师拿出20%的时间来研究自己喜欢的项目，但往往都是在夜晚和周末。后来成为谷歌核心产品的谷歌邮箱、谷歌地球就是这样在“20%时间”里被工程师们创造出来的。

将员工赋予更高价值定位，激发组织和全体员工的使命感和创造力，赋能而不是管控，始终将人和人内心的驱动力的激发作为公司运营的核心定义，这是我在硅谷之行最大的收获，也是最为刻骨铭心的。在这里，我相信“幸福企业”不仅可能，而且还有可行之道。

（4）让人心安的方太企业

游学的足迹不仅在国外，在国内我也去了很多优秀的企业，宁波方太就是其中之一。

这家企业非常特别。特别之处不仅在于它的创新，坚持“创造顾客需求，做独特的好产品，从不模仿市场畅销产品，在高端市场立足”，这与当下很多跟风企业模仿和价格战的策略完全不同。所以，在2015年行业整体负增长之下，他们仍取得了年营收20%的增长。

为了确保第一个独特，方太的掌门人茅忠群坚持不上市的经营理念，这也是方太的第二个独特。茅忠群曾对《中国经济周刊》记者这样讲道：“中国企业之所以能在厨电领域领先，是由于油烟机这个领域有很强的中国特色，中国厨房的烹饪方式决定了中国油烟机跟欧美油烟机有很大的不同。因此，不能贪求大和快。如果有资本介入，短期内人家会要求你高速增长。满足他们对利润的追求后，他们可能赚到了钱便立马抽身走人，而你自己的品牌是否做强做大，跟他们没多大关系。这是方太不上市的重要原因。”

而最大的独特还在于拥有独特的企业愿景和管理模式。方太立志要做伟大的企业，导人向善。这个伟大在于“用户得安心，员工得成长，社会得正气，经营可持续”。

在2015年就能听到“向善”的企业愿景，绝对是令人钦佩和震撼的。

从茅总当时分享其探索和实践的“方太儒道”管理模式中，我们感受到了中国智慧的脉络和精妙。他给我们介绍，方太儒道包含四个维度。第一是中西合璧：中学明道，西学优术，中西合璧，以道御术。第二是人格领导：为政以德，譬如北辰，居其所而众星拱之。简直就是“一手算盘，一手论语”的古代儒商之活现。第三是德礼管理：道之以德，齐之以礼，有耻且格。一阴一阳谓之道。可谓德道兼备。第四是仁道经营：修己以安人，做伟大的企业。

在方太，我们看到了一个受传统儒家文化深度熏陶的新一代企业家的经营之道，茅总是那样儒雅，却又是如此笃定，因为他将自己与中国智慧和现代创新天然地融合在了一起，根植于心，更链接到用户、员工和社会大众的心灵之中。

半部论语尚可以治天下，况一个企业乎。在这里，所有来学习的企业家们，也包括我自己，心开始安了，我们似乎找到了自己心中的北辰——北极星。

（5）华为的“常识”

2016年的游学必定少不了华为。因为中国企业界的2016年，荣耀无疑属于华为。

这一年企业家们又一窝蜂涌入深圳。去这个充满活力的城市，不为别的，只为学习华为，哪怕根本进不了华为办公楼，只是请几个退休的华为高管在五星级酒店里“上课”，只为感受与聆听华为的成功经验，看能否取得一些真经。在这个学习浪潮中，我也如约来到深圳某五星级酒店，在昏天黑地的四天三夜的高密度课程中去感悟华为成功背后的些许逻辑与点滴精华。

强烈的感触中，华为并不玄妙，它的很多精髓，在任正非的幻化下，其实就是些“常识”，一说我们都明白。但华为坚实地做到了，而我们仅是作为“常识”挂在了嘴边，在实践中却把它淡忘了。这或许就是奋斗者的精神，在一个山头上，凝聚所有团队的精力，努力坚守和猛攻，总能撕开一条口子。

听授课老师讲到，电信设备世界巨头和领头羊爱立信当看懂华为“西方的科学管理 + 中国人的奋斗精神 +1/3 的西方工资”时，就认为与华为无可竞争，老大的位置迟早会归入华为囊中。

在那一刻，我坚信除了西方科学管理、奋斗精神、劳动力红利，再加上“东方的智慧思维”，在世界大企业之林，终将有更多的中国企业傲然屹立。而且人类“新新”背后，其实亘古不变的，仍是社会和商业通识里的那些“常识”。

从“对事”转向“对人”的探索

随着游学的进行，趋势、技术和商业模式对我的冲击反倒不那么强烈了，反倒是这一个个游学案例，给了我对商业中最为本质问题探索的强烈愿望。

日本工匠精神的坚守者秋山先生，以孝入手，竟然可以轻易发掘苗子并将其塑造成工匠，培养成“通人”，几无失手。

谷歌的创始人和掌门人超越德鲁克大师对“知识工作者”的定义，创造性地将谷歌人定位为新的物种，赋予“创意精英”的崇高定位，从而激发整个群体团队自我驱动下的创造精神和责任意识。

方太的二代掌门人茅忠群先生更是率先倡导和践行导人向善的企业愿景，用儒家文化不仅开创了厨电行业第一品牌的领导地位，而且让员工的敬业度达到了 80%，远超国内企业水平。

华为的任正非更是将 17 万知识分子变成了奋斗者，在长期艰苦奋斗中，创造着中国企业在世界企业之林的一个又一个第一。

成功虽千差万别，但背后都有一个共性：他们有一个伟大的企业家，而且他们非常懂得人。因为懂得人，所以他们总能激发出全体员工的投入度和创造力。正如任正非自我评价的那样：“我不懂技术，战略懂一些，但我是个人性大师。”一语中的！这就是那个本质问题的探索。

但企业家究竟是一个什么样的画像？有什么样的独特内核？又有什么样的外化显现？

我尤其感恩那位让我难堪的私董会企业家学员，感恩她让我转到正确的轨道，开始对“懂人”的探索，特别是对企业家画像的探索。

回想我与企业家的接触，在咨询公司的时候，尽管也见了不少企业家，但我们彼此间的接触却是非常有限，做访谈，搞研讨，听汇报。就算聚餐聚会，也多是商务和项目相关的事宜，很少触及个人和生活层面，当然认知也就残缺不全了。

后来到两家民营企业做 CEO，深度地跟他们共事、打交道，终于有机会了解他们的成长历程、创业史、个人生活和家庭状况，还可以近距离了解他们的决策、处理各种复杂问题、人际交往的方式。而且巧合的是，在离开的日子里，还见证了他们从成功走向衰落的不堪历程。企业家的形象逐渐变得真实鲜活，有血有肉。尽管对企业家的看法有时负面，但我感受到了一个企业家之于企业命运的紧密相关性。

再后来，在与数百个企业家的接触中，特别是从低谷重新崛起、从弱小到强大、从辉煌到衰落的形形色色的案例，他们创业背后都是满含辛酸和眼泪，每一个沉浮都是企业家个人成长的映照。

人的投入在哪里，产出就会在哪里。读懂人的模型很快就被我勾勒了出来。我将其称为“基于行为洞悉人的思维模型”。

但是这个模型经得起推敲吗？对一个人的感知，特别是谈及模型层面，它涉及很多心理学方面的知识，可是在这方面我过去的涉猎是非常之少的。于是我又一口气买来 20 多本心理学方面最为权威的书籍，开始学习。

功夫不负有心人，在略读完这 20 本书后，再来看自己当初创立的模型，我充满了喜悦。这个模型经得起推敲，因为我从心理学家的著作当中找到了印证。

从自己的经历找到我的特质

有了懂人的模型，我也开始用这个模型去做各种测试和验证，同时向内心靠近，来真实地理解我是谁，我究竟有什么独特的存在。按照这个模型，我一步一步从自己的原生态家庭、成长历程、职场经历，来一点一点制作自己的人生画轴，并做自我解析，于是有了自我画像的 1.0 版本。

为了更全面真实，我还请来私董会里与我相处多年的企业家学员，与他们分享我的成长故事、解析结果，并诚恳请求他们给予真实的反馈，于是有了 2.0 版本。再找来朋友和亲人，同样做集体解析和反馈，有了 3.0 版本。不断自我对话，不断修正和完善。

蓦然心定

从自我画像之中，我看到了我的优势，也看到了我的特质，更看到了在一个变化的时代里，我可以从今天跨到未来的那个独特穿越能点。当然，我也看到了我的盲点，看到了我从今天走向未来的制约点。

这个曾经陌生的我，现在是如此清晰地呈现在我的面前，顿时，我蓦然心定。只要我能坚守与发扬自己的优势，并广泛而诚恳地获取他人的反馈，揭示盲点，规避和修炼短板，这个时代是无法淘汰我的。这一点，此时我是如此自信而坚定！

我不再恐慌，不再害怕新新人类会淘汰我。我开始笃定地认为，答案永远不在外部，它只会在自己的身上，而且就在自己的心中。

于是原计划的全球游学的另外几站，德国、英国和以色列，就被我这样淡然终止了。

勤奋创作

心定了，力量也就产生了，同时对人的探索就愈加精进。我开始广泛地、更加快捷地、大量地接触企业家。我想通过这样一个一个的鲜活个体，从他们成功的故事，也从他们失败的经历当中，去构建属于他们的画像。

我觉得统一的企业家画像应该有一个外在能力展现，如同“外王”。但更应该有一个内核，是一切外在能力生发的基石和源泉，这应该是“内圣”。“内圣外王”就构成了企业家的整体。

有了这个画像，一方面，企业家们可以自我比照，找到自己独特的映照，更能发掘自己尚不能照见的盲点和短板，进而找到弥补的方式方法，以更好地前行。更重要的是，能够找到启发自我智慧生发的底层逻辑和密码。另一方面，也可以找到那些具有潜质的苗子和对象，去激发、去助力、去陪伴，让稀缺的企业家资源得以更好地被发掘和应用。

两个成果：企业家画像和企业成长动力模型

慢慢地，企业家的画像越来越清晰，纬度、标签、权重，以及测评方法，开始完整地呈现。工科的脑袋和顾问的思维，总是能将答案转换成数学模型，最终企业家指数的测评和计算模型，就被开发了出来。（今天该企业家指数已被开发为互联网工具，部署在“都测企业 CT”系统之中了。）

有了这个画像，我与企业家的沟通就更快捷和直入主题了，他们不仅积极地给予反馈，而且也用该画像去做身边或平台内创业团队的遴选、辅导，甚至用于自己企业人才和高管的选拔。我想，迄今为止，我算是对企业家画像和读懂企业家这一难题有了初步的交代。

在这期间，针对成长企业的动力模型，也被初步揭示成型，并且在实践中正被逐步验证和采纳。

企业家画像（包含企业家指数），成长性企业成长动力模型，这是迄今为止让我最为开心的两个成果。

四、穿越中场第二道“黑暗”：从脑力到心力

分水岭：我的使命

如果说，做个顶天立地的人，“天”是关乎他人和社会的使命和愿力的话，那么“地”就是根系内在智慧生发的源泉和土

壤。有愿、有使命可以撑起个人和企业的一片蓝天，有根系、有土壤就可以提供源源不断的智慧和力量。有一天，捧着开发的这个企业家画像，我突然问自己：我的使命和愿力又是什么呢？

曾在 2013 年年初提出过“开创一套企业家系统，成就 100 家行业隐形冠军”，今天看来，够吗？如果说我的存在就是为了帮助一批人成为企业家，成为行业隐形冠军，企业和企业家个人是做大了，做强了，可是之于社会，又意味着什么？又改变了什么？

在充满金钱和物欲的时代，本该属于下一代美好的蓝天白云、绿水青山都被我们这一代当作红利提前给消耗了。如果做企业的天不被重新刷新，做企业家的使命不被重新唤醒，沿着时下做企业的逻辑，多这 100 个冠军，又有何价值？

第一次对灵魂的自我叩问，让我竟一时回答不上来。那一刻，我仿佛看到了一个渺小的自我。

开启公益课堂

随着开发成果的不断明晰与完善，沉淀的案例也日渐丰富，于是我逐渐又有了让更多人应用这些成果的想法。我开始做一些公益授课，利用节假日、周末，让更多的成长性企业家走进来。

倾听他们的困惑，分享解决的思路方法和案例，并现场指导解决，有时间的话还适当做些企业回访指导。然后再将共性问题和解决思路整理成文章，以期共享给更多的人。就这样，公益课堂陆陆续续就开起来了。

人生的两个重要变化

分别几年之后，这天我又一次来到郭美玲大姐的办公室。我告诉她，我又在准备冬天南栖，因为怕冷生病，在冬天尤为严重。这几年冬天我总是往南方跑，不仅是因为有课程，更是因为这可怜的身体。

她知道我的身体状况后，马上热情地向我介绍了她从德国收购的一种量子医学设备，并且马上引领我去见熟谙这套设备和操作治疗的梁老师。梁老师一边引领我往治疗室走，一边了解我的病状。几句话之后，他说我这是冷热过敏。他进一步解释道，一般人冷热承受的阈值都比较大，而你的比较窄，容易冷热过敏。所以当天气或环境一热或一冷，超过你身体的阈值时，你就会不适应和生病。我一听有道理，于是在梁老师的精心诊疗下，借助量子医学设备进行了第一次治疗。

果然是立竿见影，当天晚上我就能将盖的厚厚的两床被子改为一床。后来经过持续治疗，我的身体得到了极大改善。

第二个重要的变化是，自从 2016 年 3 月我在飞机上第一次打坐，有了极大的感受和收获之后，我就心系自我修炼的新生活方式。真是巧合，在当年 9 月底，尊敬的李老师答应带领我开始修炼的生活。在他的细心调理和指导下，打坐禅修成了我日常生活的一部分。

或坐，或行，但凡可能，我都会找机会让自己静下来，让不断飞速运转的大脑能短暂地关闭下来，只为寻求一份内心的恬静与舒适，也积蓄一份更好前行的能量。

五、冲破“黑暗”，完成中场穿越：找到心声

奔向西藏

我对西藏的向往由来已久，但一想到高海拔、缺氧、呼吸困难等场景，难免打退堂鼓，所以在跑遍祖国大江南北的每一个省份之后，西藏仍是那个难得圆满的缺席之地。我因为身体问题被人反复告诫，很不适合去西藏，“慢性支气管炎”这样的身体在高海拔缺氧的地方最是危险。

但是去趟西藏的想法却与日俱增。特别是追求自我历练的愿力愈加强烈之时，走向西藏，就更加被逼上日程。

2017 年 6 月的一次课堂上，我引导企业家学员们做自我的气象表，并让大家列出未来两个月要完成的一个承诺。作为老师，我不假思索地提出了我的承诺：我要在两个月内完成去西藏的夙愿。

当时我的想法是，哪怕是到拉萨和林芝去走一走，也是一个圆梦的方式。然而同行的一对企业家夫妇坚定地说，咱们要去就去个有挑战的地方，就去珠峰大本营吧。那可是海拔约 5300 米的地方，而且还要在那里住一晚上。一听我就被吓到了，这险可不能冒。于是有点打退堂鼓了。

但进而一想，这是一条西藏游的经典线路，应该是安全的。就这样，我们一行六人就在 7 月下旬飞抵拉萨了。

差点儿没命：为大胆付出代价

现实比我们预想的要糟糕得多。在飞机抵达拉萨的第二天早上，我就开始出现严重的高原反应，发高烧，浑身发抖，身体非常痛苦，每走一步，就好像要耗尽生命一样。随后，我们同行的其他几位身体强壮的朋友也陆陆续续出现“高反”的状态，昏睡、发低烧、头疼等各种症状向我们袭来。

在那一刻，我终于意识到盲目的大胆，是有可能要付出惨痛代价的。

拖着高烧不退的身体，我强忍着去参观了布达拉宫，看似一百米的高度，但每一步挪动都让我深深地感受到了生命似乎要耗尽的情形。

辉煌的建筑，簇拥的人群，浓重的酥油灯味，以及隆重的法会，虽然会给予心灵和精神上些许慰藉，但终究没能抵挡住身体的疼痛。回到宾馆，已是全然瘫倒。迅速地吸上氧气，瞬间犹如还丹的神药，又拥有了暂时的平缓。

下午硬挺着又去参观了大昭寺，这次硬撑的两小时游览，让自己彻底倒下了，滚烫的身体高烧超过了40度。自然晚上的大型露天实景剧《文成公主》是看不成了。

看我急剧进入严重“高反”，并且不断加剧，大家都劝我别再想去珠峰大本营了，开始张罗是把我“寄放”在拉萨还是直接买机票“发回”北京。但执着的我一心想要继续前往。在左搀右扶之下，我来到宾馆附近的诊所，请求大夫给予各种退烧的手段，静脉抗生素点滴、柴胡注射以及冰敷，这恐怕是最为全面的退烧方法，都被我使用上了。

一个人就那样静静地躺着，一边吸着氧，一边看着点滴滴答滴答流进血液。第二天我奇迹般地退烧了，奔向大本营的梦终于能圆了。

极限之旅中的三个彻悟

（1）利他的力量

在第一次过约 5300 米海拔的时候，我们集体陷入痛苦的状态。车上配置的两个氧气瓶早被另外两位朋友抢先吸上了，高原反应尤为强烈的我，在那一刻，被无以言表的痛苦纠缠着。

痛苦是如此强烈，却又没能吸到氧气。几至极限的痛裂中，心里难免会产生不满，我还是你们的老师（有学员跟我一道同去），你们都知道我是“高反”最严重和难受的，为什么不想着我？为什么不让我这个更痛苦的人优先吸氧呢？痛苦裹挟着些许怨恨，但理智始终抵制着自我没有喊出来，也没有试图去获得罩在他们头上的吸氧装置。

这一刻，除了内心的撕扯与急剧的痛裂，真的无事可做。突然闪过一个念头：打坐吧！

盘坐双腿，慢慢将痛苦蜷缩的身体挺直，细调呼吸，开始每天都会进行的功课。

渐渐地，心定了，紧张的身体也放松了。

太棒了，我克服了“高反”带给我的痛苦！

半小时后，汽车翻过了海拔约5300米的第一座山峰，来到了纳木错，一个山水如画、别致洞天的世界豁然呈现在我们的眼前。同行的朋友们仍在昏睡，我推开车门，拖着沉重的步伐，下车沿着观景台，前后左右欣赏完了这难得一见的美景，并拍下了无数照片。内在的、自然的美景，我竟然一个也没错过。

（2）人生立愿

汽车一路颠簸奔袭，冲向珠峰大本营。本以为可以看到美丽的日落日出，“屋漏偏逢连夜雨”，持续下雨的这几天并没有因为我们的到来而减弱或变晴。在我们到达珠峰大本营的12小时里，雨变大了。

本就空气稀薄的大本营，在中雨的洗礼下，越发让人感到不适。两个同到的陌生团队共挤在一个几乎都是床的帐篷里，就着微弱的牛粪火炉，温着膻腥味的酥油茶，散着淡淡的热意。身体仍感湿冷，每一个人脸上都是痛苦难忍的表情。

入夜了，火炉也熄灭了，冷意更浓。噼里啪啦的雨滴抽打在帐篷顶上，同屋的旅客和同伴们也悉数躺下，开始休息。我却因为呼吸困难，无法躺下，只能直脖儿靠墙艰难地支撑着。这恐怕是“高反”痛苦的极限了，头疼得要炸，眼珠子难受得好像随时要飞离出来，腰椎、颈椎和脊柱好像已经断了。这一刻你才感受到平常身体凡是感觉不好的地方，在极度缺氧的环境下都集体发作了。每挪动一步，呼吸就急促，感觉供不上气。我这是要死了吗?

唯有打坐，以此来打发这漫长难熬的夜。因为这个团是我张罗来西藏的，强烈的责任感要求我要确保大家都安全下山。于是一夜反复，每隔半小时就要折腾挪动，去拍打那些昏睡的同伴们，叫他们起来轮换吸吸氧，减缓痛苦。如此反复挪腾，更是痛苦不堪，如同遭受巨石碾压一般的身体实在是坐立难安。还是打坐，也只有选择打坐。

熬过艰难的一夜，我在心中许下一个愿望，一定要做一件不仅仅是对企业家有意义的事，更要做对社会有价值和有贡献的事情。

天蒙蒙亮了，大家争先恐后逃也似的要快速离开大本营，离开这个氧缺得让人窒息、让人生不如死的地方，哪怕一张照片不拍，一处美景也不欣赏。

（3）本自具足

在西藏待到了五六天之后，我们也都逐渐适应了这里的环境，大家又兴奋了起来。

回到拉萨之后，在热心朋友的安排下，我们去拜访宗教界人士。在拜访过程中，我再次领悟到，只要一个人不断进行自我修炼，很多面临的问题或困惑原本自我就会迎刃而解。答案往往不在外部，而在自己的身上和心里。所以，时刻修炼和提升自我，让自性的智慧怦然呈现，也是人一生的必修课。

呈现使命：商业觉醒

有了西藏的极限体验，对自己未来使命的轮廓逐步清晰。但那究竟是一个什么样的使命，还无法精准呈现和表达。

大概是过了两个月后的10月。有一天，我们在办公室讨论西方的觉醒资本主义，日本传入的稻盛哲学，以及当下企业家们的致良知学习。当讨论越来越深入、越来越激烈的时候，“商业觉醒”四个字跃然于眼前，这就是我的使命啊！如获至宝，我满办公室欢喜地乱跳，如同重生。我看到了“商业觉醒”的力量，以及它从此与我生命息息相关的一体性。

这是上苍馈赠的礼物，是我冥冥之中下半场要去承载的事业！

找到心声

渐渐地，商业觉醒的内涵也呼之欲出。

第一是商业层面。摒弃让我们从短缺经济时代发展起来的以“体力资本”红利创造财富的“物本经营”，跨越正遇到瓶颈的创新经济时代以“脑力资本”红利创造财富的“人本经营”，去直接开启隐藏着的巨大商业新红利时代——以使命驱动、创造更大商业财富的“心力资本”经营。这是一个认知思维需要觉醒的艰难递进过程，一旦跨越到“心本经营”，因为心力的自省与生发作用，特别是心力对脑力和体力的激发作用，人口红利消逝而带来的体力和脑力资本的短缺就会因为心力的迸发而重新得到巨大释放。

第二个层面是商者的心力觉醒，特别是作为企业掌门人起核心调动作用的企业家的心力觉醒。它不仅是商业层面的命题，更是关乎企业家和商者人生圆满的终极问题的探索和觉醒。所以这根本是人生觉醒的问题。

第三是社会层面的问题。科技助力，追求更快速度和更高效率的商业“向上”，带来了巨大的物质丰富和生活便利。但人类维持善意，推动社会美好的商业向善，却并没有跟上“向上”的速度，商业更应该双轮驱动，向上向善，向善向上，成为让社会变得越来越美好的重要的促进力和推动力。

随着商业觉醒使命和内涵的清晰，对商业觉醒的方法、路径和实践的研究也逐步深入地开展。双“U”穿越、人事合一、“U”形穿越十字诀的方法摸索也一点一点地显出轮廓。

六、走向新生，来到精彩的人生下半场

人生开始大不同

于是，2019 年成了我们推动商业觉醒的元年，我也有了新的身份 —— 商业觉醒首倡者。

这一年，作为发起人，联合中国职业经理人协会和北京市社会公信建设促进会，我们发起了“商业觉醒公益大讲堂”，

期望通过公开讲课、专家学者对话、企业家案例和分享等形式，共同阐述对“商业觉醒，用商业推动社会向上向善”经营理念的认知、实践和倡导，让使命驱动企业家和企业经营，用企业的实践证明向善的商业才可以更好地向上。

正是这样的公益大讲堂的开启，我得到了更多同样具有高使命感和社会责任感的人士的鼎力相助，我身边的能量圈、人才圈、朋友圈都发生了极大的变化。我们在一起，常常谈论的是如何利益他人，利益社会，修己以达人。一群砥砺前行的人聚在一起，我们希望走得更远。

我的使命和愿景终于被我定格为：“商业觉醒，用商业推动社会向上向善”，“开创企业家系统、成就商业觉醒典范企业、创办商业觉醒企业家大学”。

使命和愿景驱动下的我，人生真的开始不同了。

我体悟到“人事合一”和“成人达己”的快乐

总有这样一些人，他们的工作就是他们生活的一部分，他们并不认为工作侵占了他们的生活，所以他们每天乐呵呵的，该工作时工作，该生活时生活，二者相得益彰。

也有另外一拨人，他们整天哀叹工作和生活的不平衡，将工作和生活割裂开来，于是工作时想生活，生活时想工作，弄得里外不是，焦头烂额，疲于奔命。

前者我们称为人事合一，后者就是人事不合。前者快乐充实，后者痛苦焦灼。而此刻，我完全没有了后者的感受，只有前者的喜悦。

2012 年底前，我的人生是在追逐名和利，我是在精致地包裹着，用尽脑力地攀缘着。尽管名、利都有了，可这样的人生并没有让我找到心安，反而身体和事业用极大的挫折来回馈自己。

痛苦中，2012 年我选择“三不做”，斩断跟过去的连接，立志进行新的尝试。这可以称为人生中场的筑底。9 年，3287 天，78888 个小时，在这个不知前路为何物的穿越中，走过了极尽的大脑，走过了从“事”到“人”，从“自我”到“他人”的漫长旅程。庆幸的是，我坚持了下来，穿越了出来，懂得了成人以达己，成就别人是成就自己的唯一坦途。

我知道，我的人生下半场之行开始了。尽管路还很长很远，但我深信它会是快乐的前行，不会孤独，而会更加有意义。

心理学家米哈里·齐克森米哈赖（Mihal Csikszentmihalyi）说：“能掌握内在经历的人，才能决定自己的人生品质，这也最接近我们所向往的快乐。”

【贰】

人生下半场的穿越

我本人 43 岁时的职场和中年危机，绝不是个案，是所有人都会面临的人生课题。

40–50 岁的人生黑障期究竟该如何度过，才不至于出现 99% 的人都没有精彩人生下半场的结局？

人生第一曲线是我们所有人都体验过的，并且 99% 的人，一生也只重复着这一曲线和路径，它是如何一步一步把我们的下半场给毁掉的？

人生第二曲线是什么？它区别于第一曲线的显著特征又是什么？

跨越第二曲线有何次第？“U”形穿越十字诀又是什么心法和手法？我九年个人穿越以及做足 1200 个企业家功课的体悟，让你感受只有心上发力、中场筑底穿越，我们追求的人生圆满才可以修炼得到。

完成人生第二曲线的穿越，体悟智慧人生和马斯洛第六层级的自在。

一、百岁人生与不到 1% 的人
拥有成就的人生下半场

100% 的境遇

其实在现实中，百分之百的人都会经历这样的三个阶段。

在上半场，我们学习、工作、成家、赚钱，买车、买房、买必需品，也买贵重品，拟定目标，然后朝目标前进。一路打拼，会来到人生相对的高点。

随着年龄的增长，体力和智力的下降，我们逐渐退出舞台中央。光鲜的人生或进入职业危机，或进入身体危机。也就是说来到了中场，也就有了人生上半场的终结，开始中年的危机。

只是在这场危机当中，有人能够清醒地感知，并成功地跨越，开启精彩的人生下半场。而另一些人则麻木地度过，早早地离场，过早地消失在社会的浪潮中。所以，中年危机不是个案，它是人生经历当中百分百会遇到的一个话题。

鲍伯·班福德在《人生下半场》一书中揭示出这三个人生阶段，并深入浅出地表达了出来。难怪管理学大师彼得·德鲁克为其强力推荐："这本书非同凡响，甚至可以说是卓越不凡。据我所知，没有任何一本书能与它相提并论，而且这本书老少皆宜。"

心理学家眼中的人生黑障期

心理学家研究表明，人在40–45岁，或者更长的一个时间段里，会遇见人一生当中的黑障期。

发展心理学也提出40–45岁是中年的转换期，修正、评价生活与希望之间的距离，对自我进行审视和调整，就是转换期的意义。

如何度过这样一个人生的黑障期？就如前面所谈到的，这个百分百的境遇是我们每个人生都会遇到的课题。

难熬的100年岁月

2018年谷歌的首席未来科学家雷·库兹韦尔（Ray Kurzweil）预言：到2029年，人类将开始正式走上永生之旅。到2045年，人类将正式实现永生。尽管尚无法证明，但我坚信，随着医学、生物技术和科学技术的不断发展，我们的寿命将会越来越长。

英国作家琳达·格拉顿（Lynda Gratton）在2019年就写了一本书《百岁人生》，开始展望长寿时代的生活和工作。

如果真能活到100岁或长生不老，难道我们还是在四五十岁就走完上半场，碌碌无为地熬过下半场？

那该是多么煎熬啊，想想就不寒而栗。

不到 1% 的人拥有成功的人生下半场

马斯洛，人本心理学的奠基者，也被称为“人本心理学之父”，对人的动机和需求层次做了深刻和权威的揭示，提出了著名的马斯洛需求层次理论。晚年的研究中，他又提出了第六层次的需求：自我超越的需求。

如果说我们人生上半场是追求生理需要、安全需要、爱的需要和尊重的需要，那么人生下半场至少要追求自我实现的需要。但马斯洛在其巨著《动机和人格》一书中，描述自我实现的人的特征时，即便在美国这样的发达国家（尽管在 20 世纪中期，美国已是世界头号发达国家），选择观察和研究的标本也是困难的，不多的观察案例中竟然还有爱因斯坦等。更别谈达至第六层次，即追求意义这样终极关切问题的人。

无独有偶，鲍伯·班福德（Bob Buford）也说道：“有些人一生从未进入下半场，有很多人甚至不知道有下半场的存在。社会上一般人认为，进入不惑之年后，人生就开始老化、走下坡；年长和成长是不能并存的，甚至是互相抵触的名词。”于是，绝大多数人就将自己定格在了上半场，开始了碌碌无为的退场和出局。

回到企业，任何一个企业家，都将其创立的企业视为自己第二生命的延续，并希望它能延续传承，成为百年基业。遗憾的是，世界级咨询公司的研究表明，远低于 1% 的企业可以同时超越产品周期、行业周期和经济周期而生存。而且统计数据表明，中国的集团企业平均寿命只有 7 年左右，而中小企业的平均寿命只有 2.9 年。

所以，成为 1%，拥有精彩下半场，是何其困难。

二、残酷的人生第一曲线

人生第一曲线

根据图 1，我们来讲述人生第一曲线。

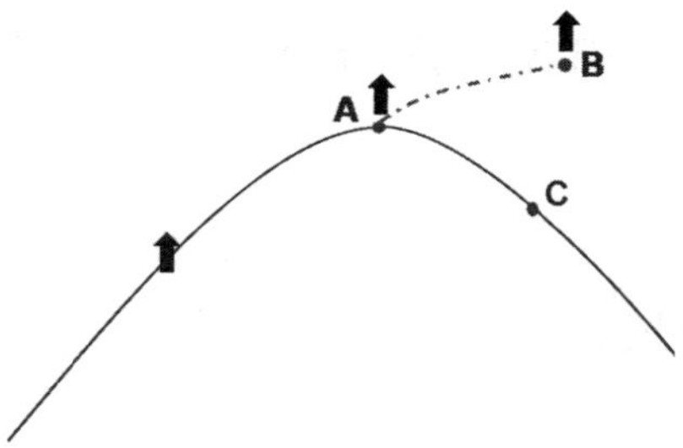

图 1　人生第一曲线

从一无所有，我们经过学习、工作和奋斗，然后一步步从左侧底部开始升起，慢慢向上，不断成长，来到人生的一个一个制高点。我们欣慰自己的努力，也欣慰自己的才华，更欣慰自己的成功。我们满怀激情，沿着成功的路径，期待着向上攀缘的人生下一个再下一个制高点。

不知不觉就来到了人生的事实高点（A 点），但我们浑然不觉。尽管那时我们已经感觉到了有点力不从心，但成功带给我们的喜悦，如鲜花，如蜜糖，是那样深刻、迷恋和难以割舍。

我们仍然执着地认为，更高的 B 点才是我们下一个目标。于是做着向上的奔跑动作，努力着，尽管旁人已经清楚地看到了我们的痛苦、无能为力和开始下滑，但我们自己就是不承认，不愿意停止向上的攀缘。于是 B 点离我们越来越远，我们就来到了人们最不愿意看到的 C 点。

这就是人生第一曲线。可惜的是，很多人的一生也就这一条曲线，也就是班福德所说的根本不知道还有人生下半场，当然也就没有下半场了。

下面，我们来深度还原一下人生第一曲线是如何一点一点演变成这样的。

缺失驱动的成长

作为一名社会新人，我们或跨入职场，或自我创业。我们有着各种各样的现实需求：养活自己、家庭和公司，需要钱、职位和名利。这些缺失驱动的现实需求，让我们积极地投入工作当中，克服一个又一个的困难。需求逐步被满足，我们也不断得到成长。

特别是中国的“50 后”“60 后”和“70 后”，经历过中国社会物质生活极度匮乏的年代，所以改革开放之后，缺失驱动的动力和能量一下就得到释放。对物质的需要，不仅创造了极大的社会财富，也极大地满足了我们个人的需求。

需求变需要的陷阱

在缺失驱动的成长中，如果我们坚守以需求为导向，像马斯洛所讲的五层次需求那样，沿着层级一级级往上走，效果一定是非常好的，并且非常符合一个具有健全人格的人所追求的。

但事实上，我们往往会把需求变成需要。比如，我需要一栋更大的房子，我需要更好的汽车，我需要名贵的手表，我需要更高的职位，我需要更大的权力……于是在以自我为中心的逻辑中，“我”被放入中心，“我”要更大的成功。

一切开始围绕自我的需要，我们也加快了旋转的速度。于是形成了旋涡，我们被一点点裹挟、拽拉。

最终需求变成了欲望，我们就彻底掉进了陷阱（图2）。

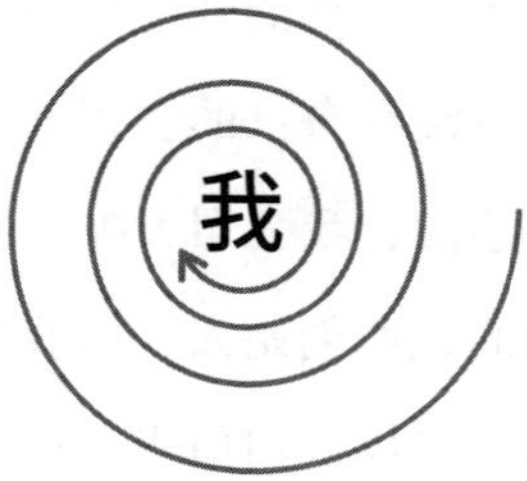

图2　以“我”为中心的人生旋涡

欲望是苦，以苦为乐

凭什么他可以住别墅，我却不行？凭什么他的职位比我高？凭什么他的企业规模和利润比我公司要大？我可一点儿也不比他差呀！我要超越他，我要比他还成功！

得到了我们就高兴，得不到我们就痛苦。

欲望本是苦，我们却以苦为乐。在追求欲望和满足的过程中，吃着一个又一个苦头，我们浑然不觉，却乐此不疲。

追求以物质为标志的自我成功

因为我们将成功定格在名和利，即物质和地位，而且是以“我”为定语。

有这样一个亲历的故事，我作为团队专家，与北京大学的一个企业家代表团一起到国外游学，有一天参观一家美国本地的企业。在一个不太大、也不豪华的会议室里，这家企业的创始人细致地介绍着，可我们的企业家们却不断地打断他，急切地问他公司规模有多大，一年的营业额有多少。我猜测他们一定是在暗自比较究竟有没有自己的公司大。果然，中间休息的时候，听他们嘀咕：还没有我公司大呢，有啥好学的？

可是这位被访问的企业创始人，问我们的问题却是：你有多少客户？有多少客户跟你公司历史一样久远？年客户续约率是多少？当听到有 50% 的客户跟他们合作几十年，而且每年的续约率高达90%的时候，面对这个匪夷所思的成果，全团傻眼了，这才啧啧称赞，感觉不虚此行了。

当对成功定义的只是物质层面时，我们往往就会忘记我们最初是为什么出发了。就像以下这个笑话：

一名“白领”到海滨的沙滩晒太阳，看见一个流浪汉也躺在旁边，于是他呵斥道：“你看你怎么这么懒，怎么不像我一样去努力工作赚钱啊！”

流浪汉问：“赚钱干什么？”

“赚了钱，我就可以买海滨的别墅。”

“买别墅干什么？”

“有了海滨别墅，我就可以天天在这里晒太阳呀。”

“难道我不是已经天天在这里晒太阳了吗？”

尽管是个笑话，却揶揄有味，讽刺十足。

生活在角色中

成功会赋予我们更多的头衔，某某主席，某某董事长，某某行业第一，某某区域第一，某某上市公司，等等。因此鲜花不断，掌声不断，让我们感受到角色的重要和不可或缺。

于是带着各种角色，我们仗剑走天涯。

在企业，因为企业是我辛辛苦苦创立的，我是董事长，颐指气使，一副皇帝的做派。员工敢怒不敢言，大多只是表面买账。

回到家里，仍是董事长的身份，吆五喝六的。可是孩子不买账，老婆 / 老公也不买账。于是人仰马翻，弄得家庭不和，心情不好。

其实在家哪有什么董事长，只有爸爸妈妈、老公老婆。脱下演员服，哪有角色，不过是一个刚结束演出的演员而已。

但沉浸于成功带来鲜花和掌声的角色，让很多人难以转换和无法自拔。

习惯性缺失

用物质和名利定义的成功，会让人生总是处于缺失状态，永不满足。

有一位心理学家说过，任何一个需要的满足，随着它的逐渐平息，其他曾经被挤到一旁的较弱的需要就登上突出的地位，立陈自己的要求。需求永不停息，一个需要的满足产生另一个需要。

如果你的世界总是物质和名利，那么这个追求的循环就会永不停止。慢慢地，就变成了习惯。比如沉迷于穿着的人，会发现每次参加活动时，总是缺一件衣服，即便衣橱早已放不下了。

精神贫穷

习惯性缺失，终将难以自拔。物质的贫穷最终会带来精神的贫穷，永不满足，也永不快乐。

因为这时的人生已经被限定在要靠物质和名利来证明的境地。

所以富易求，贵难得，根本是要精神的富足。

如果把上述整个循环串联起来就是这样一幅图景（图3）：

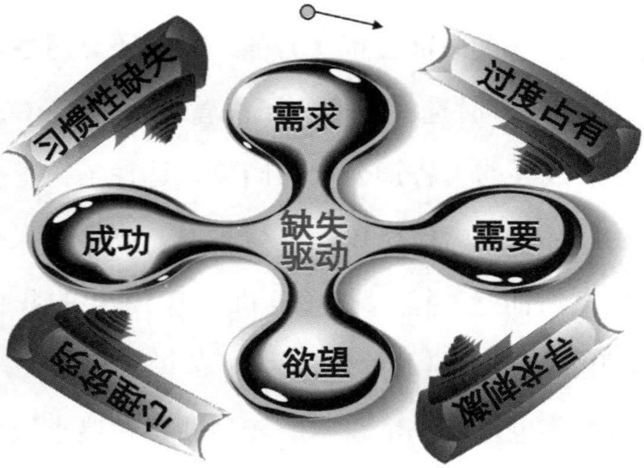

图3 缺失驱动带来的心理贫穷

在缺失驱动下，因为需求，我们追求和成长。然后需求变需要，促进我们进一步成长和成功。物质带来的享受和钦慕，让成功的荣耀更感刺激，于是就需要更大的自我成功。靠物质和名利来满足，人就变得习惯性缺失。想要过度占有，寻求刺激，用缺失驱动的动力，就转变成了心理和精神的贫穷。

就这样，一个疯狂旋转的，永不满足的缺失将自我紧紧地包裹起来。

四种苦难人生

四种苦难人生也就这样产生了。

第一种，事业坍塌。

四十不惑，本应是不负韶华的年龄，但人生的事业多半开始走下坡路。我本人在自己年富力强，干得还算风生水起的咨询职业上，在 40 岁时选择离职去了民营企业做 CEO。可不少曾经一起并肩战斗的大咨询公司的同事，选择了捍卫合伙人的职位，但最后都被迫黯然离场，或被辞退，或被新人一个一个替代，辉煌戛然而止，陷入职场危机。2012 年的我也一样在追求 CEO 职业的路上陷入危机。

中国的经济也进入一个跌宕的转型期，在追求做大做强的路上，有很多优势企业，原本是实体经济，硬是经不起诱惑，玩起了资本的杠杆。过度使用杠杆，而经常使资产泡沫破裂。眼看着有数百位上市公司的董事长，失去了自己所创立公司的所有权和控制权，甚至还有不少离场出户。统计数据表明，2018 年 A 股上市公司有 604 名董事长离职，平均每 6 家上市公司就有 1 名董事长离职，数量创下新高。其中民营企业占 40%，明显超过往年，而且不少是因为股权质押爆仓，即追求玩资本的快钱，不再坚守流汗的实业。当然，结果也是血淋淋的回报模式。

美好的事业，就此坍塌。

第二种，疾病缠身。

人生最大的悲剧就是我们在追求财富、地位的路上，透支了自我的身体，落下一身病痛。身体不适，关键还造成精神紧张和心灵不健康，在亚健康和精神不适中疲于奔命。更为可惜的是，常常听到英年早逝的年轻人终止在了创业打拼的路上。

在企业家课堂上，我经常会用企业家气象表这样的工具（这个气象表可以通过“都测企业 CT”小程序获得），让企业家们对自我的事业、身体、生活和家庭用 1 ~ 10 分来打分。差不多每次的结果都是身体的分数要远低于事业的分数，可见他们对事业的追求远超过对身体的重视和保护。在企业家们的带领下，高管层也显现出同样的数据分布，身体分数远远低于事业分数，而且经常在 60 分刚及格分数边缘或之下。

看上去他们很拼，尽管身体的信号不断敲响着警钟，但谁都没有选择停下来，直到坍塌的那一刻，让不断加“0”的名利在身体这个“1”丧失之时，将一切全部销蚀。

第三种，家庭破裂。

我们经常能看到，很多成功的企业家背后是破裂重组的家庭。夫妻离异了，孩子被独自扔到国外读书，留下的是子女叛逆的性格和亲人之间深深的隔阂，也许这辈子都难以消除。看似成功了，留给家庭和孩子的伤害却永远难以熨平。

第四种，飞来灾祸。

很多时候，突如其来的变故、灾祸，都会导致人们生活发生巨大改变。尽管我们无法预知明天和意外哪个先来，但无论是做人还是做事业，一定要遵循社会道德伦理、商业规则、市场规律，在法律法规允许的范围内进行规范操作，尤其不能触犯底线，否则面临的将会是苦难人生的另一个戛然终止。

走遍全国，我有极强的企业家地域感。珠三角的企业家，务实，总是走在市场最前沿，“春江水暖鸭先知”，彰显着中国经济转型的风向标。长三角的企业家，由于那里资本发达，利用资本发展最是得心应手。大北方的企业家，更擅于资源整合。时至今日，还有不少人是以这样的思维和模式从事商业。这不仍是第四种人生的预设和祸根吗？

图 4 就是这四种苦难人生的真实写照：

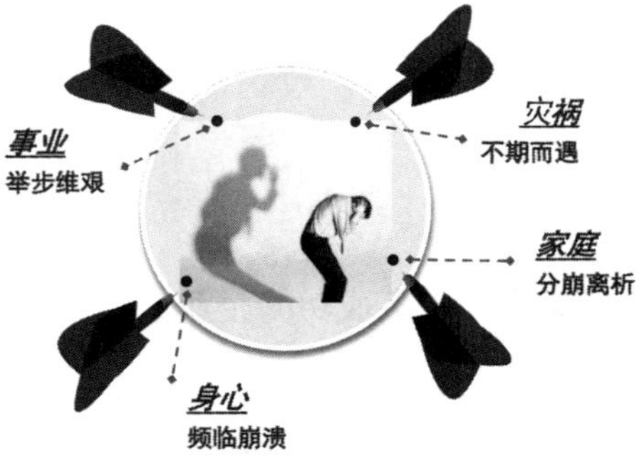

图 4　四种苦难人生

人生第一曲线的特征

班福德在《人生下半场》一书中，将第一曲线的总体特征归结为成功。我认为在成功之外，还有以下三个特征。

第一，物质驱动。以追求物质为目的，以物质财富的多少来定义成功、衡量成功的程度。

第二，以自我为中心。我的想法，我的创造；我的付出，我的努力；没有我，你根本不可能成功；没有我，这个企业也根本不可能成功；一切都围绕着我。于是成功都是自我的，自然收获和享受也是自我的。

第三，永远在外求。因为物质不在自己身上，在外部。当遇到困难或遇到挑战时，都是抱怨外部的环境和他人，从不在自身找毛病。所以焦灼、烦躁，永远是在向外求索之中。

在这三个特征的坚守和强化下，人生第一曲线非但没有出现希冀的持续向上，反而转升为降。稀里糊涂地，上半场就结束了。

一回头，才发现我们的思维已如同蚂蚁，来回挪腾，也只停留在那个可怜的低维空间上。

蚂蚁的思维

人来自高维，本就带着高维的智慧来到人间，这在孩子的身上尤为明显。他们咿呀学语，在很小的年龄随意就能说出大人恐怕深思熟虑、绞尽脑汁也说不出的话语，包含深刻哲理，而又直指本质，常常惊掉我们的下巴。

但是一旦长大，进入物质社会，我们开始追求物质，也被物质包裹，无形中就自我降维了。明知欲望是苦，我们却以苦为乐，沉迷其中，不能自拔，长此以往，就沦落为一个三维的动物。

我们很少能站上时间的第四维度，去看清未来。更别说第五维度，用非均衡和非确定性的思维去看待未来趋势的演变进程，以非线性智慧彻底打破经验逻辑的推导模式，于是我们也就很难走出今天的困境。未来的变化本就不同于今天的情形，但对于过去或今天带给我们成功路径的极度依赖，让我们两点一线地认为，未来的成功一定可以复制。

这是什么思维？蚂蚁的思维。蚂蚁就是一种典型的低维动物，当它嗅到台阶上有甜食的时候，它也想去吃，但是没有办法，它只能在平面上爬行，绕来绕去却永远也跨越不了第三维的高度，去够到那些心仪的甜食。

三、成就圆满的人生第二曲线

深下扎根的树苗才会长成参天大树

在自然界，我们看大树参天挺拔，终成为栋梁。我们从小受的教育也是要成为国家和社会的栋梁人才，于是小小年龄我们也都有了梦想，长大要做栋梁。

自然界有着竞争，只有那些生长超过身边其他树木的，才有可能通过顶端优势获得更多的阳光，通过光合作用，更好更快地长大。

职场亦然，但也是谁都不愿意的。

于是向上，努力向上，以更好地拥有阳光和氧气。人们都这么想，也这么拼命地做着，职场、商业、社会，就这么猛烈地竞争着。

初春二月的早上，在广东英德的山村里，早上六点半，天仍未亮，满是烟雾缭绕，山谷边的旅舍，别有洞天。

早早起床，倚窗面山，我便开始了每天例行的打坐功课。

渐渐地出现一棵大树，想冲破迷雾和云层，够到阳光，树干快速变粗，快速向上。向上，向上，看似越来越高，却感觉树干越来越模糊，越来越稀疏，啪，树干空了！一个大大的“枯”字横亘在我的眼前，那么的大，那么的灰暗，顿时让呼吸变得短促，极度的压抑和喘不过气来。

何尝不是？追求向上，我们常常超越能力和自我，努力追求那些名和利，那些似乎彰显我们身份和价值的东西。追求中，我们明明已是超越极限和几近枯竭，但却浑然不觉。即使有感觉，可谁也不愿相信和承认，将鸵鸟的头深埋在沙子里，做着死也不放弃的向上努力的动作，直到树干变空，直到有一天轰然倒塌，让前述四种苦难人生来深深地折磨我们。

而自然界大树长成的真实境界呢？参天大树，并不是因为向上才长大的。它们反而是将根须深深地往土壤里扎，根扎得有多深，反而树干和树冠就有多高。树干的高度取决于扎根的深度，二者是绝对成比例的。

向下扎根的树苗才会长成参天大树，这是我们应该向自然学习的法则。

启动人生第二曲线

如果人生遭遇苦难的四种时刻：事业坍塌、疾病缠身、家庭破裂或飞来灾祸，你意识到这是第一曲线开始向下，不能继续向上的时候，怎么办？离开当下，不再重复过去，开始新的尝试，就是觉悟的开始。

想象那棵向上追逐和攀缘的大树就要空了，就要枯竭和倒塌了，选择转念，开始像大树一样向下扎根，开始一个向内的过程，为时还不晚。

这时，你的人生也就因此开启了第二曲线，也超越了99%的人，不再只是一条曲线就终其一生。

心理学家还给这个人生第二曲线命了名，叫“斯格模德曲线”，如图5所示。

与第一曲线结合起来，就是下面图6这样的表述：

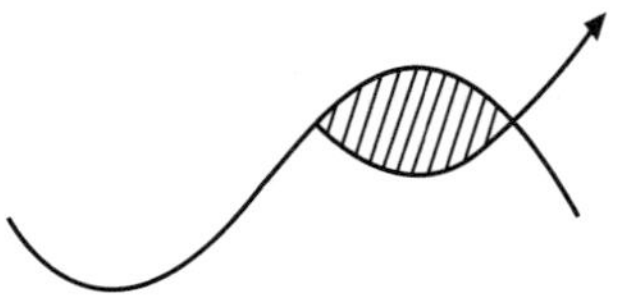

图5　斯格模德曲线

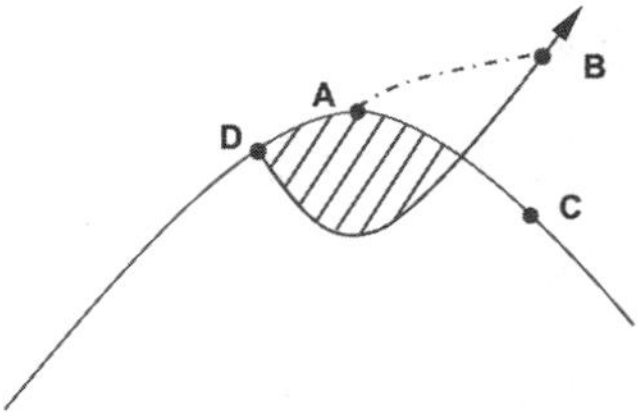

图6　人生第二曲线

如图 6 所示，为了达到 B 点这样一个人生的新高度，我们往往不是沿着从 D 到 A 的通道惯性而简单地向上，而是从 A 点开始下滑最后落得个掉到 C 点的结局。

我们应该增加一个人生成长的新认知，那就是，一味向上，终究走不远。如同跳远、跳高、投篮，我们不是简单向上直伸着身子去完成，而是选择先蹲下来，积蓄力量，然后再冲出去和投出去，这样才会更远、更高。所以，在清醒预知人生高点 A 到来之前，从 D 点选择向下的过程，经过积蓄、重整，然后再向上达至 B 点，这就是人生第二曲线。

这个 D 点，可以是你人生任何一个不想像原来一样追求以“成功”为标志（物质名利、自我为中心、一心外求）的人生时刻，所以，你的精彩一生可以开启多个“斯格模德曲线”。

如果你是在人生四重艰难并未到来之前，就开启了一个 D 点的第二曲线，那就是自性觉悟的人生成长。

如果错过了一个个 D 点时刻，已是 C 点的下滑通道，遭遇四重艰难，这时启动第二曲线，为时也不晚，这就是为什么要去规划百岁人生。

其实，无论何时都不晚，只要你开启了第二曲线，精彩的人生下半场总是在自我的掌控中。

只是经历四重人生艰难，给很多人造成的苦难更多了些，生命不能自省，就会用身体和心灵的痛苦来唤醒你。身体和心灵的痛苦如果还不能唤醒你，生命只会用更大的痛苦，乃至失去身体和生命来唤醒。弥留之际，幡然醒悟，可惜已是太晚。

第二曲线显著区别于第一曲线的特征

第二曲线不应该是第一曲线的简单翻版，它应该被赋予全新的内涵，所以它具有和第一曲线显著的区别与独有的特征。

第一，出发点就不一样。如果第一曲线以物质追求为目的的话，那第二曲线应该是以意义为目的。它追求的是人生的意义，人之于他人和社会的价值及意义。

第二，超越成功，追求成就。如果上半场我们的追求是以物质和名利为标志的话，那么下半场追求的应该是超越成功的人生成就和圆满，它关乎的是“我是谁，我要去哪里”的人生终极问题。

第三，超越小我，走向大我，关注的是他人。不再是以自我为中心的获得，更应是以利他和让他人成功的自我付出。自利利他，成就他人，也顺便成就自己。成就他人是因，所以下半场的人生应该在这个因上着力和下手。

第四，从外求走向内求，从心上去生发智慧，而不仅是用脑力，用体力。

所以，相对于“物质、成功、自我、外求”的人生第一曲线，“意义、成就、他人、内求”当是人生第二曲线的四大显著特征。

四、中场筑底：奔向人生下半场的“U”形穿越

将人生第一曲线和第二曲线交织，就会是这样一个分割（图7）：

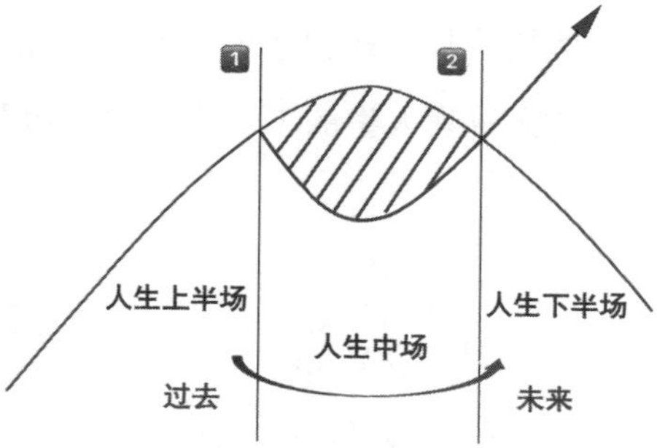

图7　人生中场

竖线1的左边就是人生的上半场，代表的是过去。竖线2的右边就是人生的下半场，代表的是未来。从过去到未来的中间地带就是人生的中场。

从过去到未来的转换，需要割舍。因为它代表的是对我们业已熟悉和习惯的舒适地带的割裂和舍弃，人生的上半场让我们从一无所有到有名有利。它给过我们成长的喜悦和充实的满足，也给过我们荣耀的鲜花和热烈的掌声。

需要勇气。因为走向未来，前路是未知和不熟悉的，它需要我们挺起信心，保持开放和好奇，更需要强大的学习力。

需要坚韧。这会是一个漫长的旅程，绝不是一蹴而就，更不是简单的一个顿悟就能完成的。这也是为什么心理学家讲，人生的黑障期会是 5–10 年，笔者正是经历了 9 年的时间才度过这个阶段。

它还需要智慧。利他的智慧，追求意义的智慧，寻求人生终极圆满的智慧。智慧不是来自大脑，它需要与心灵底层的深度链接、对话和生发。

具有割舍、勇气、坚韧和智慧，我们才能完成这惊险的一跳，从人生上半场穿越到人生的下半场，这个过程就是中场筑底和中场穿越。

它穿越的是：

（1）从“物质”到“意义”；

（2）从“成功”到“成就”；

（3）从“自我和小我”到“他人和大我”；

（4）从“外求”到“内求”。

如果我们把图 6 从 D 点开始向下的第二曲线抽离出来形象化，就是一个“U”形，如图 8 所示。

图 8 人生的“U”形穿越

沿着“U”形路径，我们就来场现实的穿越吧。

离即觉，转念，即是穿越的开始

山下英子是断舍离的创始人，在日本掀起了一轮又一轮的断舍离全民浪潮，她在2013年出版了《断舍离》这本首部正式授权的简体中文版书籍。

山下英子认为，“断＝断绝想要进入自己家的不需要的东西，舍＝舍弃家里到处泛滥的破烂儿，离＝脱离对物品的执念，处于游刃有余的自在的空间”。

原本在孩提时代，我就生活在一个物质极其匮乏的环境，关键我们那里还是在大山深处的国家级贫困地区。所以儿时的记忆就是缺鞋，零下的冬天，家乡还总是下雨，只有母亲纳的千层底布鞋。为了不让鞋被泥泞的路面打湿和泡烂，我总是光脚去上学，到教室以后将冻得通红的脚丫在裤腿上蹭干之后，才穿进去。就是这样成长的经历，让我总是希望有双能在雨天可以穿着不被打湿的鞋子。一开始挣钱就想买鞋，一买还经常是两双，于是家里到处都是我的鞋。

受“断舍离”影响，2016年起我也尝试年度穿着置办上零购物，竟然两年没购物，现在虽然也还购物，但绝对是大大地减少了，甚至连上大学的一件衣服，某天被我太太翻出来，居然一点儿也没破，我现在还经常穿它上班。

这就是断舍离的修行哲学。断行，断掉对物质追求的执念；舍行，舍弃对物质占有的快感；离行，脱离物欲和执念，转向新的尝试和探索。

离即觉。当你决定不再过以前那样的人生，决定开始回到内心，开始全新的生活，你就已经开始转念，转念就是追求新生活的开始，也是穿越的开始。继续苦难的窘迫，还是自性的转变，其实就在一念之间。

一旦转念，即是脱离苦海的开拔，自此我们也就做好了开始中场穿越的开拔。

如果开拔时，你也能跟过去那些令你讨厌和不想继续的事来个决裂，如我 2012 年离开职场时一样“三不立誓”，或许你的穿越就会更加轻松、淡定和从容，当然穿越的路程就不会再有纠缠，就会更加精彩。

拿出纸和笔，写下你最不想回到的过去，你有绝不再重复过去的立誓吗？

不妄自菲薄，重新“发现”自己

当我们开启中场穿越的人生新旅程时，我们不必惊慌，也不必急于对外部做迅速的反应，我们最好是跟过去的某种东西做些链接，做些承继。

这些东西是你生命中本就具有的，它也是支持你走完上半场精彩的核心因素，你可能对它毫无意识，但在工作和生活中，信手拈来，却又屡试不爽。

你可能完全忽视这些因素，甚至还经常妄自菲薄，总认为自己还不够好，跟别人相比总是不足。

我们总是这样，成功时沾沾自喜，失败时垂头丧气，然后糊里糊涂又开始下一次追逐。我们从不总结我们是为什么成功的，又是为什么失败的；成功是发挥和彰显了我们身上的什么特质，失败又是失去和误用了什么特质。所以最后就变成，糊里糊涂地成功，然后糊里糊涂地失败，如此循环往复。

2003 年，带着国内咨询公司的辉煌业绩，我来到了全球级的咨询公司，也是曾经最为敬重的竞争对手。进入这家“世界 500 强”之后，我虔诚地让自己归零，努力按照这家公司的风格来调适自己，一心想要更加优秀，放弃自我经过验证的风格。但事实证明，邯郸学步，我不仅没有跑起来，反而连走都不利索了。这是一段惨痛的经历，它告诉我坚守自己优势是何等的重要。

现在穿越的第一个隧洞，我们就是要重新发现自我，发现我们身上的那个独特与本自具足。不然就是本书第一章我所呈现的那样，在新新人类的冲击下，就会莫名恐慌和自乱阵脚。

开始发现自我的时候，我们需要拥有的心态是反观，而不是反思。

反观就犹如将自己假想为一只趴在墙上的七星瓢虫，它是那么独特和色彩斑斓，你只是静静地做客观的观察和记录。

而反思，很容易盯住自己的缺点和过失，一上来就是一顿猛抽狠打，让自己即刻陷于深刻的自责和痛苦之中。

经由批判教育长大的我们，批判他人抑或批判自己，我们都轻车熟路，并深入我们的骨髓中，所以一遇到困难就是自我批判和深刻反思。看我们身边，刮骨似的反思自我，又有几个真能走出来？20 世纪 60 年代和 70 年代出生的人尚能接受这种自我批判和深刻反思，面对“90 后”和“00 后”，你去批判他试试？恐怕会直接就蹿起来和你闹翻了。

弗洛伊德在他的《梦的解析》一书中讲道：一个正在冥思苦想的人的心灵结构，根本有异于一个正在观察他自己的人的心灵结构。反省者、沉思者的表情肃穆，眉头紧锁；自我观察者表情比较祥和。二者的注意力都很集中，但反思必须具备批判功能，这种功能会使他否定一些感知并进入意识的状态，中断别的一些观念。对于另外一些根本无法意识到的观念，则在感受之前就将它们压制下去了。自我观察则与之对立，只需压制批判功能就可以了。如果能顺利地做到这一点，他就能抓住许多进入他的意识之中的观念。

所以，反观而不急于反思，这是自我和解、发现自我的最好心态。

深吸一口气，让心沉静下来。

你的过往隐含着宝藏

自我观察，也可以有很好的方法。

个体心理学之父阿尔弗雷德·阿德勒（Alfred Adler）认为：人类心灵的所有表现似乎都朝向某个目标。反过来，我们也可以根据个体当前的活动，推断出他的目标。虽然很少有人清楚自己的目标是什么，但如果我们选取个体的若干运动进行比较，并用图表的方式加以呈现，就会勾画出个体的成长曲线。这条曲线既记录了人生时间上的差异，同时也可以获得其整个生命的统一印象。

我把它称为“人生画轴”，我也常常用这个工具来指导别人来展开自我对话和自我观察。（这个工具可以通过“都测企业CT”小程序获得。）

图9就是“人生画轴”的坐标模式。

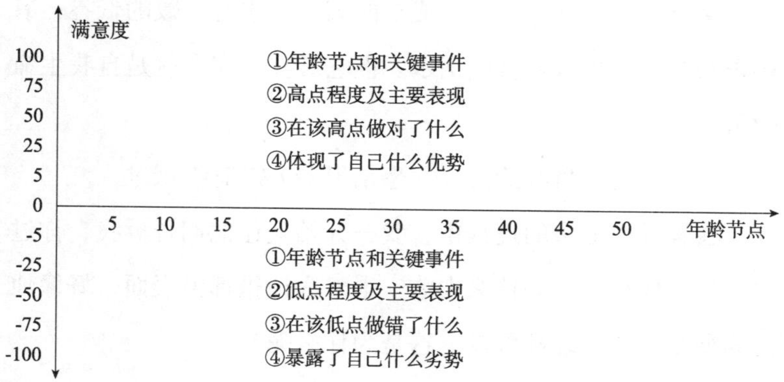

图9 “人生画轴”工具

图9中，横坐标代表一个人成长历程中具有关键事件的年龄经度，纵坐标代表该年龄节点的关键事件的满意纬度，正向为0到+100，负向为0到-100。

沿着年龄的时间长廊，可以从自己记事的年龄开始，回想每个关键年龄节点，发生了什么重要事件，然后在纵坐标上标注这个事件在当时的结果所带来的满意程度。并在每一个事件上：如果是正向满意，回想当时的表现，做对了什么，体现了自己什么优势；如果是负向不满意，也回想当时的表现，做错了什么，体现了自己什么劣势。这样沿着人生成长的历程，一段一段回忆，一段一段复盘，一段一段用图表和文字重现，一个高高低低的鲜活自我成长图谱就会跃然画轴上。

一版一版修正，一遍一遍与自我对话，终有一天面对人生画轴上的自我，你会潸然泪下：原来我的人生是如此波澜壮阔，又是如此与众不同，有成功的高点，也有失败的低谷；有快乐的欢笑，也有痛苦的泪水。但它真实，完全就是自我生命的再现。

像这样反观自我的方式，恐怕很多人没有尝试过。

在辅导企业家的过程中，我一开始就让他们告诉我，你过去为什么成功？又为什么失败？很多人谈得都很表面，好像他说的那个人换成谁都可以。这是为什么呢？

这不奇怪，心理学家早就告诉过我们，人最陌生的不是别人，往往是我们自己。因为在忙忙碌碌的生活中，我们从来没有静下心来观照过自己，解读过自己，更没有很好地理解自己。

后来我就用“人生画轴”的方式，让他们从一个一个节点讲自己的过往历程，我只是忠实地记录，替他们梳理关键词，挖掘事件背后的成因，展现他们的优势或劣势。

给自己人生上半场归因

感慨人生，绝不是“人生画轴”绘制的目的。面对高高低低的人生成长图谱，需要对迄今为止的人生做深刻归因。归因的内容包括：

- ✧ 成功特质梳理：在截至今天的人生上半场中，我究竟展现了哪些成功的特质？以标签或短语精准表达。
- ✧ 成功归因：上半场所有这些成功中，我究竟做对了什么？
- ✧ 失败解析：在截至今天的人生上半场中，我的失败是什么原因造成的？以标签或短语精准表达。
- ✧ 失败归因：上半场所有这些失败中，我究竟做错了什么？
- ✧ 上半场整体归因：所有上半场成功或失败的因是什么？深层次的因是什么？

至此，自我“人生画轴”的1.0版就诞生了。

2015年的那场危机中，当我在向外求的全球之旅刚过一半时，我开始绘制自我人生画轴，然后就有了下面这样的1.0版（图10）。

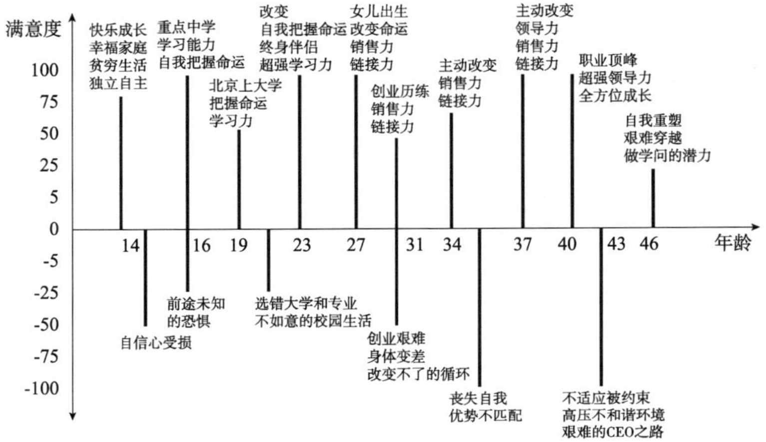

图 10　自我人生画轴

在该 1.0 版本中，我这样给自己归因：

✧ 在“成功特质”方面：

- 真诚善良，所以人缘比较好，赢得信任的能力比较强，因而拥有的机会比别人多；
- 有第六感驱动的觉察力，感知外部和反思修正的能力比较强；
- 为了更好地工作和生活，总是不断求变，并遍尝甜头，于是习惯性做出改变，常常在别人羡慕的制高点会突然选择改变，离开这个制高点，选择新的职位或工作；
- 超强学习力，所以学习东西快，为更多的改变奠定基础，也增加了改变的频率和成功的概率；
- 超强架构力，总是能从纷繁复杂中快速理出头绪，并架构化表述，所以当顾问、学者和导师，很有优势；

- 能吃苦、有韧劲，不达目的不罢休；
- 目标感强，因为总是往前看，从不被过去所牵绊，所以目标感和方向总是很明确；
- 自尊心强，这是一把双刃剑，既是激励的动力，也是骄傲的源泉；
- 总之，个人能力和可塑性很强。

✧ 在“成功归因”方面：

- 由于具有较强的自我特质和职场能力，面向未来不断改变和突破，并且优势总能在自我掌控中完全展现出来。

✧ 在“失败解析”方面：

- 自尊心和个人能力较强，容易固守自我，不太容易接受别人的挑战。尽管自我觉察力最终会纠正，但往往需要一个较长的过程，因而会错失良机；
- 目标性和成功欲太过强烈，容易被机会牵引，横向发展，而不是纵向深入，深度和专注力容易受影响；
- 好面子，缺乏苦难时期的扭转力，于是面对困难容易选择逃避和转换赛道；
- 重事不重人，关注事情本身往往多于对人的关注。

✧ 在“失败归因”方面：

- 太注重自我，太注重机会，所以缺乏坚守，缺乏有效与他人合作的想象力和扩展力。

✧ 在“上半场归因”方面：

- 属于典型的“成功偏好型、失败规避型”，知道哪些是优势、哪里能发挥优势，以及如何发挥优势，所以总能将优势发挥到极致；
- 因自我驱动而成功，也因太自我而受局限，压缩了更大的想象和实现空间。

从这里，我第一次完整照见了自己。手捧这个属于自己的“人生画轴”，我看到了自己的独有特质，更看到了我之本自具足的独特存在。那一刻，我坚信，这个世界淘汰不了我，除非自我麻痹。那一刻，我的心定了，外求的后半程全球游学也被我断然终止了。

人一生就是在处理三对关系：与自己的关系，与他人的关系，以及与世界的关系。当我们与自己整天处于纠结和矛盾之中，无法与自己和解时，自然也就无法与他人和解，与世界和解。所以，与他人、与世界和解的唯一路径是与自己和解。

与自己和解的第一步，就是解析自己的过往人生。

集体解析，让自我更完整

我们总是希望得到他人的信任并具有更大的影响力，这是领导者的主要职责，也是作为一个企业家所要达至的状态和结果。所以在“U”形穿越“发现”环节，进行自我特质解析，我们不能仅限于自我观察，我们还要以更大的气魄和胸怀主动寻求来自他人，特别是与自己朝夕相处的团队或家人的反馈。

在乔哈里沟通视窗（图 11）中，以自我为对象，在横向会有两个区间：自己知道和自己不知道。同样在别人眼中，对你也有两个纵向区间：他人知道和他人不知道。于是在你和他人的世界里，你就呈现为四个象限的人格：公开象限、隐私象限、盲点象限和潜能象限。

自己知道	自己不知道	
公开象限	盲点象限	他人知道
隐私象限	潜能象限	他人不知道

图 11　乔哈里沟通视窗

我们要赢得他人的尊重和信任，主动分享（披露隐私）和寻求反馈（揭示盲点）就是最为有效的办法，因为它可以让公开象限做大。公开象限越大，隐私象限和盲点象限就会越小，探索和挖掘你身上的潜能也就成为可能。

所以有了“人生画轴”1.0 版本之后，不妨再进行一次有团队或家人参与的集体解析。

营造一个轻松的环境，你要诚恳地向大家表明你的诉求，以获取基于真诚和事实的反馈。然后展示你的 1.0 版“人生画轴”，沿着成长历程讲述你的故事以及你自我观察的结果。越是不加掩饰、越是真实和真切，大家被带入感就越强烈。

后来我才发现，我们与他人沟通之所以常常出现彼此不理解的环节，就在于这样沟通的场景太少了，以至于我们的企业家经常展示给团队的都是工作的一面、成功的一面，许多最为艰难和窘迫的场景鲜为人知。也正是因为团队不懂得企业家的艰辛和良苦用心，所以团队往往就无法理解、认同企业家的一些行为和思维。

有了乔哈里的沟通框架以及引导的现实场景，我们的企业家常常是分享时潸然泪下，团队听得更是满含热泪。大家这才知道企业创立、成长是如此艰辛和不容易，以至于表达后悔以及想要更好地投入，是常见的附加收获。于是我们的自我发现之旅变得丰满和完整了。

对于集体解析环节，我首先放到了我的私董会里，也放到过团队里，更放到过公开课堂里。我特别感谢那些给了我真诚反馈的朋友。让我第一次听到了我身上还有敏感、底层的不安全感，还有那位更直接的“重事不重人”的敲击，这不都是我的盲点吗？

更要有“大爱、更大的格局、更大的愿景超越”，这不是在激发我的潜能象限的能力吗？

所以，集体解析是穿越人生第二曲线的最好场景和方式方法，只要有开放的思维、开放的心灵以及开放的意志，你收获的将不只是自我，还有团队和他人的信任。

感恩自己的独特

解析和归因越深入，自我隐性运转的机制和特质就越会显性化。

有这样一位二次创业者，第一次创业抓住了以贸易为主的商业契机，完成了原始积累。本着回馈家乡的情怀，他决定在老家买地建工厂和生产线，用他自己的发明专利“食材保鲜技术”，生产符合发达国家标准和需求的保鲜食材，做出口。

第二次创业就这样轰轰烈烈地开展起来，出口也做得有声有色。于是他想扩大生产，做国内市场，这就一下转入设计、包装、品牌和营销的新领域。反复折腾，技术仍是好技术，产品仍是好产品，但国内业务就是不见起色。

有了“人生画轴”的启发和自我回顾画像之后，我们一帮私董会董事来到他的企业，听完了他的自我画像的陈述与解析。

在问询、探究之后，这位创业者的特质便赫然眼前：他具有一般人不具备的从技术底层出发的产品研发能力，他非常清楚每一个他聚焦的农产品原料，该如何制作能呈现为味道极好的产品，而且这个产品应该如何更好储存和运输，以确保它流通到全世界也能保持非常好的口感和新鲜度。

他是一个从骨子里就流淌着产品血液的产品经理，所以面对日本、澳大利亚、欧洲的挑剔客户，他的产品都能过关和畅销。在场的所有企业家都惊叹他拥有别人羡慕不已的产品能力

“1”，但今天他把自己错放在需要全面能力的 CEO 位置上，自然是一筹莫展，还天天闷闷不乐。

他说，如果让他每天跑遍山间林地，寻找食材，然后做成一流的产品，他绝对笑逐颜开。一边说着，一边露出了满眼的喜悦和久违的笑容。

是啊，如果当初决定创业之前，他有这样的自我认知和特质解析，他一定会选择另外的创业道路。

但独特就在自己的身上，一经显现就可以发扬光大。他随后做出了最为重要的决定，聘请更适合 CEO 位置的职业经理人，开始新的从 1 到 10 的创业第二征程。

还有一个兄弟联合创业的故事。

哥哥在税务体制内工作，久经磨炼，发现了一个新的商业机会，就是如何帮助企业合理合法地进行税务筹划。他设计了非常好的商业模式，然后就跟弟弟合伙创立了公司，开始创业。哥哥做顶层设计，弟弟负责落地实施，业务很快就上了两亿元人民币规模，开始了筹划 IPO 的阶段。

公司不断壮大，兄弟俩的矛盾却不断显现。主要原因就是哥哥向来强势，说一不二，但只做顶层的事情，参与公司事务极少。而招人、带团队、做业务、搞运营，全是弟弟全日制、全时制。自然弟弟就不服，认为公司就是自己打下的，没有哥哥也行。

于是弟弟要证明自己，就与其他人合伙成立了一个培训公司。两三年过去了，这个新公司业务也没有大的起色。直到后来针对他的私董会上，深度解析他的特质后，他才幡然醒悟，他绝对是一个把公司业务可以很好地从 1 做到 10，甚至 100 的人，而认真对比他哥哥身上做从 0 到 1 的特质，他基本没有。

这一刻，他看到了他哥哥的独特价值和不可取代性，他更看清楚了自己身上的令他哥哥不可企及的运营能力。兄弟齐心，其利断金。彼此的特质都被显现，被彼此认可，自然可以走得更好、更远。

感恩自我的独特，越是显性，就越能被表达、被复制，在下一次需要或危急时刻，也就越能被复制、被放大，它给我们带来的特质和能力释放也就越能带来成果和收获。

发现习气

展开人生画轴和解析，我们不仅要发现让我们前行的自我独特特质，也要发现拖累我们的习气。

对照自我的人生成长历程，一定是高高低低，绝不是一帆风顺的。有诸多制高点，也有诸多低点。

但我们常常会自我感慨，津津乐道于我们触底反弹、低谷升腾的能力，但是我们却不愿意去反思，为什么从一个个制高点我们又掉下去了？这些下沉的背后是否有某些共性，也即是我们同样没有觉察和发现的习气在拖拽和牵扯我们？

在工作和生活中，我们每天都要做出很多决策，但心理学家告诉我们，这些决策中有高达 40% 的部分是根本不会经由大脑的。那么是什么在为我们做决策？是习惯，是我们业已养成的各种习惯。美国心理学之父威廉·詹姆斯在《心理学原理》一书中提到：所有人的生活都有其明确的形态，但其实都是由各种各样的习惯构成。

习惯有好有坏。好的习惯指导好的决策，总是朝向好的方向。如每完成一件事之后，我们都能认真总结，总结哪些是成功经验，哪些是失败教训，这就叫“复盘”，也是构建了联想集团极其强大的组织文化和组织能力的重要原因之一。

坏的习惯，引导错误的决策倾向和习性。比如，利益面前，总想的是自己如何，而不是别人怎么样。久而久之，就会催生自私，凡事总是牺牲别人，惠及自己。

而这个坏的习惯，一旦养成，就会成为不好的习气，它同样混杂在习惯中，会每天左右我们的决策。

所以，人生第二曲线穿越的第一步“发现”中，我们发现自我优势的同时，亦要发现隐藏在我们身上的那些习气，也就是那些会让我们从制高点掉下去的隐藏特质。

捕捉习气往往比发现优势要困难和痛苦得多，所以也往往被很多人抵触和漠视。特别是我们自我解析中常常有巨大的盲点，需要他人介入进行集体解析，这对很多人来说很难为情，自我难以逾越。

五、启动心灵的力量，走出中场的底部

启动心灵的力量

王阳明讲：人生大病，皆因一“傲”字。因为一个“傲”字，我们就断绝了与自我对话和修复的机会，也因为傲慢，我们与他人和世界的联系就会减弱。我们听到和看到的就是我们想听到和想看到的东西，世界的本来面貌不复存在，制约我们成长的习气就会死死地缠绕我们。

对于一个有过成功而且尚在成功的人，比如企业家，这是非常困难的。在外面风光无限，在内部颐指气使，听到的都是称赞，别人对你的反馈可能都是精心设计和通过反复斟酌的。

猛一下，想听到他们对你存在的不足和习气的反馈，很多人第一反应是筑起安全的防火墙，绝不引火烧身。

唯有开放的心灵，从我们内心升腾起感恩之心、谦卑之心，我们才能打开与他人和外界沟通的桥梁。

这天，董事长张总一改以前的开会方式，早早地来到会议室，与早来的副总裁们寒暄起来，问长问短，还问候起他们的家人情况来。这本来就不寻常。而在过去，都是全体与会人员

齐刷刷围坐，主持人整肃完成，秘书才把董事长在最后一秒钟请进来。然后是董事长一通讲话和训斥，其他领导再汇报，战战兢兢地听指示、做记录、做回答，最后丢开各自原有的观点，带着老板的旨意，散会开展各自的工作。

今天一反常态的还有，会议开始之后，董事长并没有率先讲话，而是耐心听完大家的汇报，弄清楚不明白的地方之后，首先肯定了大家正确的地方，再是对不足的地方给出修改的建议。在会议最后，针对大家的汇报，表达深深的感谢，并明确工作的方向和重点，简短，但有力量。关键是每个与会者感受到被认可、不再紧张的氛围，第一次有了心里暖融融的感觉。

董事长只是拥有了谦卑的开始，用些许言语表达了对团队的感恩。但董事长变了，团队的努力得到董事长认可的消息迅速传遍了整个公司，每个人都松了一口气。想想多少年，大家都是提心吊胆地面对董事长，他太严苛了。

变化还在继续和深入，董事长干脆取消了一些原来都要他参加的会议，直接让分管领导去主持和决策，审批权也大量下放。重大决策和决定仍是董事长来最终定夺。虽然董事长火爆的脾气也时不时发作，但大家感受到的是被信任和被授权。反而组织里领导们更负责和认真了，团队也更凝聚和奋力拼搏了。原来只是战战兢兢地去执行，现在变成了自动自发地去创新和创造。

这就是我在第一家企业做 CEO 时的深刻经历和感受。同样一群人，做着同样的工作，但是因为有了掌门人的谦卑和感恩之心的转变，激发了团队的内在的心力，进而汇聚成了组织的力量。

自我心灵的开放，不仅改变了组织，这位董事长最后跟我说：原来他认为这个组织的创新只在核心决策层和外部，内部根本不具备创新的能力，所以他要引入创新，于是大规模聘请了咨询公司。但这次的变化表明，普通员工也是可以完成很多创新的。而且他也改变了，他突破了一味往上看、往外看的傲气，对员工产生了谦卑心和感恩心。

当然后来针对他的反馈也就多了。我们还有了一次成功的面向他的民主生活会，让他第一次给自己照了镜子，开始正视自我身上的习气。

这似乎兜了一个大圈。但阳光要照进现实，也确实需要这样一个转变的过程。英国著名心理学家查尔斯·都希格在其《习惯的力量》一书中进一步阐释了“习惯”的黄金法则：习惯不能被消除，只能被替代，只能用一个好的习惯替代一个坏的习惯。

所以，习气的永久除却，人们必须相信改变是可能的，而且从心灵升起决心改变的意志，就会来得更加容易。

从小我走向大我

习气总是具有极大的惯性，而且经常让我们不知不觉，它不仅是我们过去习惯养成的，而且很容易被小我的利益所裹挟。

在工作中，我们经常要解决很多问题：员工问题、士气问题等。当我们以我为中心的时候，遇到的总是抵触和更加坚决的自我捍卫，问题越缠越紧，总是难以解决。

但如果我们换个角度，把眼光转向他人，以客户为中心，就会豁然开朗。

有这样一个企业，企业员工面对问题时总是抱怨，说自己付出多了，别人付出少了，别人都不配合自己。企业的组织界限，划得太不清晰了。员工的职责、流程存在这样那样的问题。每次开会都是一些令人挠头的事宜，老板也是一筹莫展。

直到有一天，这位掌门人开始推行客户承诺制——“慢必赔”：在客户开始正式营业前两小时送达食材，即送货为正常；营业前 1 小时内才送达，赔付客户整体送货量的 20%；营业前半小时内才送达，则本次送货全免费。同时启动针对外部客户赔付的内部问责制。

就是这样从企业内部的“我”，向外部的客户“他”的一个转变，组织发生了翻天覆地的变化。

为了确保准时送达客户，各部门主动坐在一条板凳上，协商彼此之间的承诺、时间和质量标准，每个部门的那个“他”都升腾起来了。这时大家都明白，最后的客户承诺是需要大家共同配合才能完成的。如果没了客户，这个企业、这个小家、每个人的小我也就没了。

结果，采购部门头一天就会想办法从田间地头收好菜，无论如何及时送到仓库。仓储部门无论如何凌晨之前要清理和按订单包装好。物流部门早上六点前就会装车发货，避免城市交通高峰期。终端客户服务部门更是紧贴客户，做好“最后一公里”的服务。如果真的晚了几分钟，就主动为客户洗碗、打扫卫生，尽力避免企业的损失，避免因赔付而给整个链条上的伙伴们带来损失。

一个客户承诺，不仅关切了最终客户的痛点，解决了整个组织的沉疴难题，而且还因为这个承诺的坚守和传播，成了竞争的差异点和面对客户的独特价值主张点，企业品牌也因此脱颖而出。

所以，除却习气最有效的办法就是从我走向他，从小我走向大我。如果我们能够利他，也就能够自利。自利利他，我想这是老祖宗早就告诉我们的至理名言。

升起悲天悯人的爱

2018 年，美玲大姐邀请我参加一堂能够激发人的课程。我听说这是一门经由稻盛和夫思想延展的课程，而且据说有很感人的实践环境，就有了要去参加的意愿。但又听说整个课程都是用教练技术的方法来引导和开展的，我就本能地开始有些拒绝。在我担任 CEO 的第一家企业，我就被报名参加过教练技术第一阶的课程，四天三夜被关在屋里，听人哭，听人喊，还强迫你捐款和发展他人加入学习，诱导你参加后续什么二阶、三阶和四阶的课程，让人反胃，很不舒服。

最后我还是决定去体验体验。第一天、第二天、第三天的课程我都坚持了下来，并且投入其中。第四天的课程在早上五点多就开始了，这一天，教练要求我们去成功拥抱 10 个陌生路人，否则就算没通过。

北京 1 月早晨的六点多，凛冽的寒风真如刀割般划过脸面，留下阵阵难以抹去的疼痛。在一个还没有开门的农贸市场旁边的街上，几盏昏暗的路灯照着路面，稀稀拉拉的早起上班的人们匆忙地赶着路。冷不丁被我们这些上去笑脸迎候，要做拥抱的人给吓着了。“有病”，这是我听到最多的反问候语。倒是早上起来讨生活，在街边做早点和小买卖、清扫大街的大哥大姐们给了我们有力而又长久的拥抱，浸着油烟，带着汗味。但那一刻我深刻地感受到了质朴的温暖。

赶路的白领们大多拒绝了我们，而且从他们躲避我们的快闪动作和略带鄙夷的神色里，感受到的是人与人之间的距离，还有冷漠。形成反差的是，那些起早摸黑、为了生活而忙碌的小商小贩，他们倒是如此简单、真诚和可爱，他们不会先做审视，没有任何防备，不假思索地就与我们拥抱在了一起，传达出温暖和真诚。

活动来到下一个环节，我们要到农贸市场去募集可以送给孤寡老人院的生活用品。

在走进的第一个小卖部里，是位老大爷在看管。听清了我们的意图之后，老大爷拿出了电话。原来他是早起在替他的孩子看店，他说他要请示他的孩子。获得同意后，我们募集到了我们的第一个成果：一小袋旺旺小馒头。尽管并不多，但我们还是特别感激这位大爷和他的孩子，让我们第一站就成功，信心倍增！

听说我们的募捐活动，是为了去看重症在床的孤寡老人，几乎每一个摊位或小卖部的主人，都给予了帮助。特别是一对早起烙饼的夫妻，见我们走进去，大嫂为难地说，我们只有饼啊，这个怎么送给老人们？一旁憨憨的大哥喊道，傻啊，不是有面粉吗？于是大嫂硬是让我们把一袋面粉扛走了。这可是他们一半的生意啊，也许就是一家人一天的生活来源。我说，不用那么多，这会影响你们生意的。笑嘻嘻的大嫂说明天多卖点，大哥嘟哝着，今天还可以早休息呢。多可爱而又朴实的夫妇，他们是真正有爱心的人。

最后一个环节，是在完成所有募捐和看望老人之后，我们集体要去购物商场里“感召”一顿午餐。一路被感动的我，这次抢先说道，这个任务得由我来完成。不同方位会聚而来的小组伙伴们相约在一个地点集合，人到齐了，组长说开始，大家拔腿就准备出发。我一抬头，我们集合的门店门口正是一家我平常喜爱的餐饮品牌。我说伙伴们，就它吧，就从这家开始！（随行的课程义工早就告诉我们要做好思想准备，以他带过多期的经验，没有只走一家就能成功的。）

浩浩荡荡一行 10 人，走进了饭馆。店长迎面走了上来，我把我们从早上到现在的义举都给他叙述了一遍，他听得很入神，也很感动。然后我说，我们劳顿奔波了一早上，你们店请我们团队吃顿午餐吧，也算是你们爱心的延续。店长说做不了主，需要请示上级领导，于是他打电话去了。义工又说道：“都会是这样，回来肯定会被拒绝。”果不其然，店长回复说不行。大家准备离开去第二家了。就在我也要迈出门槛时，一愣：如果第二家还是这样，我们岂不是继续被拒绝？再一抬头，悬挂的品牌名再入眼帘，这可是大品牌啊，今天我就要请这个大品牌来担当！

我一个人走了回来，继续面对店长说，店长先生您看，你们可是个大品牌，为人们的健康和生活提供精美的食品和服务，关爱着每一个顾客。我们今天做的也是有意义的事，关爱那些失能的孤寡老人，我们用的是行动，以及热忱的心。我们今天的这顿爱心饭肯定是要在这个购物商场里的某个饭馆完成，不是在你这里，就是在别人那里，总会有被感动的品牌。如果让别的品牌完成……停，耿直的店长打断了我，拍着胸脯说，这顿饭我自己请了！多好的店长，热爱公司品牌，哪怕自己埋单。

在为我们准备精美饭菜的过程中，店长感慨地说：“这样寒冷的天，你们这帮人，还能如此有爱心去做这样有意义的事，真是太让我感动了。”他后来说，他再次给领导汇报了，最后这餐饭由公司请了。感恩店长、领导和这个我心中的好品牌，你们的爱心更值得称颂。

后来我才知道，所有这些为我们捐献的商户和个人，课程方最后都写了感谢信并给了感谢金。

感恩这次课程，让我收获良多。

我收获了什么？我想是爱，一份在陌生人之间无形被传递的爱。

在清晨寒冷的大街上，当那些早起讨生活最为普通的人用淳朴善良的拥抱来温暖我们这群素不相识的人的时候，当他们把谋求生活的物品无偿捐给我们的时候，当他们竭尽所能为敬老院的老人们奉献爱心的时候，我知道有一种自心而发的东西打动着我，感染着我，也激发着我。

人与生俱来就有善意，一经激发，就会迸发出为他人做贡献的愿力。

我们都知道冰山理论，人展现出来的能力只是冰山露出来的 10%，还有 90% 沉睡在下面，未被激发。我们也知道这是潜能，是人一生都要努力去唤醒和释放的能力。可是如何被唤醒？我也曾十分迷惑和不得要领。

在这里，我找到了唤醒的真谛，那就是爱。特别是当你对他人，尤其是陌生的人，都能升起"悲天悯人的爱"的时候，你就会想办法去解决他们所面临的问题，带去价值，这样我们的愿力就会被激发，潜能也就能被无限地释放了。

唤醒沉睡的内在的“神”

潜能是什么？我曾经跟享誉全球的身心灵治疗师罗伊·马丁纳（Roy Martina）先生有过一场精彩的对话，他用这样一句话进行了概括：我们每个人的内心都有一个内在的“神”，我们今天所要唤醒的，恰恰就是这个内心沉睡的“神”。

《高效能人士的七个习惯》的作者斯蒂芬·柯维（Stephen Covey），最终开始研究人的第八个习惯，也即是心声（那个内在自己敲开门的声音），那个发现自己意义，以及为他人做贡献的心声！

柯维先生在其《第八个习惯》一书中说道：只有这第八个习惯的建立，我们才有可能走出一个更加与众不同，或者是完全不同于前半生的、一个有意义的后半生。

自然流露：我是谁？我一生的意义在哪里

经过前面“U”形穿越的第一步“发现”，发现自我的独特特质，再经过第二步“唤醒”，唤醒为他人做贡献的潜能，完成一个自我内在“神”的启动的修炼。这时，智慧升起，为社会和更多他人做贡献的愿力就会自然流露。我们开始理解我是谁，我们也能够畅想我们一生存在的意义在哪里。所以“U”形穿越来到底部，就会是一个“激发”的时刻，激发出我们的使命和愿力。

王阳明先生说：人志不立，天下无可成之事，所以立志就变得非常重要。但是现实中我们常常看到为立志而立的志，并没有带来力量，反而会让我们变得虚妄。

所以，人生下半场的穿越，用“U”形的左半部，通过向下的发现、唤醒之后，产生的激发才是自然流露，这也是“U”形穿越美妙的地方（图 12）。当愿力是发自你的内心，是从你自身的特质，以及对他人悲天悯人的爱的基础上建立的，这样的愿力就会是让我们笃定前行、矢志不渝的力量。

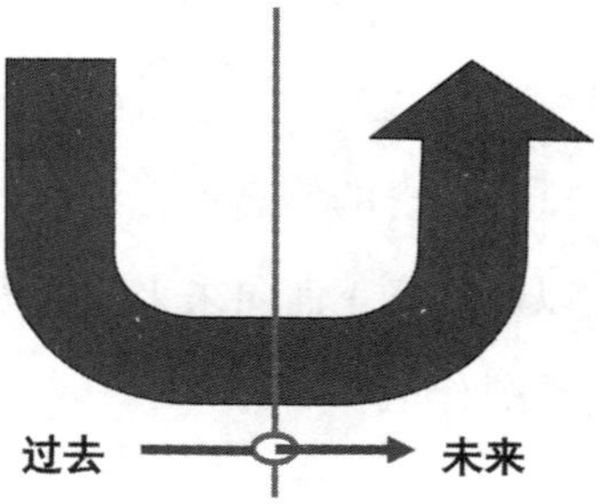

图 12 “U”形穿越

“U”形穿越来到这里，就如同从漫长而黑暗的山洞中穿越了出来，人生重又进入新的光明境地。在这里我们跨过了第一曲线，如同跨过了已在衰落或即将到来的衰落，我们完成了蓄势待发，我们也完成了从物质世界到精神世界的开拔，我们知道了我们是谁，我们也更加清晰我们一生终究将从事的工作和意义在哪里。我们也同时完成了从过去到未来的一大跨越，我们将不再沉迷于角色，回归真我，在装满他人和使命的智慧海洋里徜徉，那么欢娱，那么投入，同时又是那么富足与充实。

“U”形穿越从此从底部开始升腾，我们曾经在第一曲线所希冀的人生制高点，在第二曲线的上升通道中重又真实可触和明亮闪烁起来。

然而，经过第一曲线危机，第二曲线中场的艰难穿越，我们不能简单用第一曲线的能力体系去复制第二曲线，这绝没有成功的可能，因为第二曲线显著区别于第一曲线的特征不再是自我的成功，而是成就他人，不是名利物质世界，而是使命意义的精神世界，更不是外部求索与攀缘，而是内心耕种与修炼。

为了第二曲线全新包含的制高点，我们将不得不开启自我能力体系的重塑，以适应真正面向未来的开拔。

那么，到底要重塑什么?

六、用人生成就方程式重塑精彩的下半场

自然四幅画

第一幅：向下扎根

树是因为有向下深扎的根系，才长成参天大树，选择向下才有更好的和更大的向上。

第二幅：向土壤寻求营养

在巴林有这样一棵生命之树（Tree of Life）。树长在阿拉伯沙漠的一座小山上，四面环绕着沙丘，看不到另外任何一棵树，也没有任何其他生命形式。该地区平均气温 41℃，常升至 49℃，常有沙尘暴。但这棵树已经大约生长了 400 年，高约 9.75 米，有着茂盛的绿叶。

科学家们猜测，最近的水源是大约两英里（相当于 3200 米）远的地下水流，树可能是以某种方式从该溪流中抽出水来供给营养。

第三幅：连片成林

像生命之树，独立屹立在茫茫沙漠之中，巍然挺拔，成为一道风景。但自然中大量的树木却是成片生长，构成森林。或调节自然，或成为林木资源，蔚为壮观。

第四幅：脱枝成木

树木为了长成参天大树，每往上生长一段就会自我干枯和脱落一些枝丫，让树干挺拔更好向上，以便长成栋梁之材。

跟自然学修行

自然四幅画，看似最为平淡无奇，却为我们揭示了一个深刻的自然之道。

所谓道生一，这个“一”就是自然生息的规律。树木是因为向下努力扎根才有更好的向上，扎根是要穿透岩石和沙漠寻求到土壤，土壤里才有水分和成长的营养，所以浇水要浇向土壤，只有土壤才能存储，从而转化为树木成长的营养。独木成长是奇迹，但成片的林木聚集在一起，可以形成彼此滋润颐养的森林，从而成就更多的树木。断掉所有制约自我成长的枝丫，减少对营养的分散和消耗，就可以长高长粗。这是树木给我们的“道”，是自然的智慧。

懂得了这个智慧，我们人类也就懂得了如何成为和培养栋梁：首先将树苗栽种在有土壤的地方，并深挖坑以确保稀疏的土壤让根须可以向下深扎和延展，然后向根部之上的土壤浇水施肥，而不是直奔树干，以避免直接杀死树苗。再不断修枝剪叶，以让树木更好地向上生长。一棵树难以成活，那么就成片栽种，让它们连成林，成林之后自然就形成新的生态，不再需要人工的呵护和培育，森林的力量会让树木自然而然地成长，成为栋梁之材，最终为人类所采伐利用。

由树木推及人，由自然推及人生，我们豁然发现：自然之道、树木之道，这个“道”的明晰，就是我们苦苦追求的智慧，就是对世间万物和人生本质规律的真切把握。依道而行，则明，明则顺，不逾矩。土壤其实是众生，是社会他人，是我们成长的滋养和力量的源泉。而唯有大家一同生长，生命与共，彼此给养，形成相互奉献又各取所需的生态，整个森林才能形成，自然人生成就也就圆满，这就是使命和意义。

智慧、众生、使命，就是人毕其一生要去求解的一道几何题的长宽高。用智慧去做长长度，才会看得久远；用众生做宽宽度，才会行大道走大路；用使命做高高度，才会心中坦荡行者无惧。长宽高相乘相长，就是人生圆满的广阔大天地。

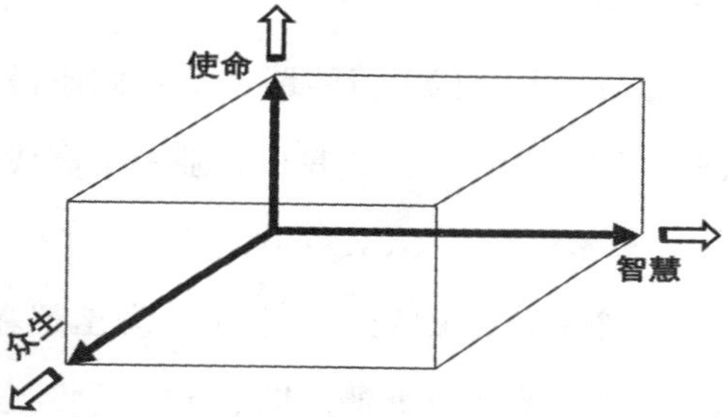

图 13　智慧、众生、使命

智慧“知”也，众生“仁”也，使命“勇”也。知者不惑，仁者不忧，勇者不惧。“知、仁、勇”，天下之三达德。因为具有了智、仁、勇三种德行，所以也就具备了完全的人格。

除却习气

“习气”的“习”，就是习惯，是个人生活和行为当中，长期养成的一种习惯。

《观经疏》里有两句话：正使尽未尽，习气亡未亡。“正使”就是当下我们所展现出来的、应用出来的、显现出来的烦恼，其烦恼之余习称为习气。这两句话就是说，正使都尽了，但习气未尽，烦恼断了之后还有习气在，所以习气很难除却。

但是习气不加以除却，在你向上升腾之中，总会是一种无形向下的拖拽力。只要有合适的场景、合适的条件，它就会无形在你的意识中形成决断，指导你的言语和行为，并因此带来烦恼和不良的后果。

所以，在“U”形穿越上行的路上，我们还得有更加开放的意志，来除却习气。首先，让我们跟随一个高成就的人的足印来看一下。

我们知道一个有高成就的人，总是表现出超强的行动力，像对未来局势把握、当机立断的决断、大胆的投入、敢于承担的担当和作为、为了成果的付出和驱使、对错误的反思与纠偏等，总之，你所看到的如同一个钢铁侠，不知疲倦。

进一步深入观察，你会发现高行动力的背后是他一个又一个良好的习惯驱使，好的前瞻性思维、好的复杂问题分析和拆解方法、追求极致完美的工作作风、严于律己近乎苛刻的自我要求，这些日复一日、年复一年的训练和坚持，终于让他具备让人望尘莫及、也无法撼动的超强好习惯。

而这些习惯的养成也不是一蹴而就的。简单而言，一个习惯 21 天就能养成。但一个外部审时度势、内部持续精进、洁身自好如苦行僧般的人，一定是被强大的意志所指引、所锤炼。

这些意志是一个又一个目标使然，小目标之上的大目标、大目标之上的宏伟目标，而最终归结于对人生和事业意义的探寻和实现上。

所以高行动力源于业已养成的一个又一个好习惯，好习惯来自坚强的意志，意志来自清晰而明确的目标，对目标的不断挑战，归根结底源于对人生和事业意义的探索和践行。

反过来亦然，越早明白人生和事业的意义，就会有越加清晰而高远的目标，也越能塑造意志，用意志去打破一个又一个习气，重塑一个好的习惯，从而产生出更富成果和影响力的高行动力（图 14）。

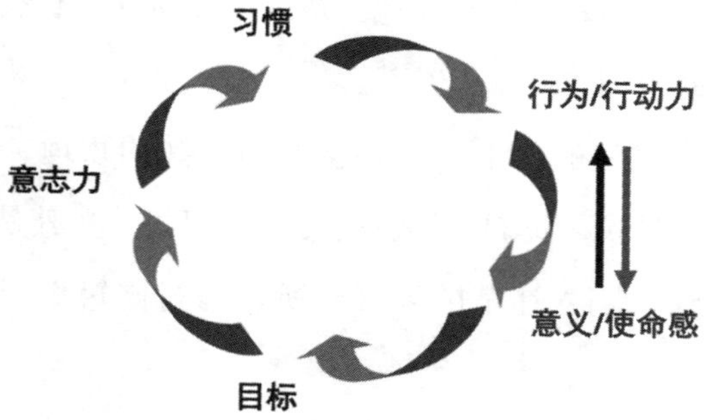

图 14　目标、意志力、习惯、行动力与意义

自然四幅画，不仅让我们懂得了成就的长宽高，也懂得了除却心气的心法和方法。更是让我们深深体悟到《道德经》里老子的古老智慧：人法地，地法天，天法道，道法自然。向自然学修行，则人生易得自在与圆满矣。

重塑“人生成就方程式”

用一个成就方程式来定义第二曲线“重塑”环节，我认为最恰当不过了。

$$人生成就 = \frac{智慧 \times 使命 \times 众生}{习气}$$

方程式的上面是智慧，就像我们第一幅自然画面所展现的内容。当你明白了向下扎根、拥抱土壤、为土壤浇水、森林生态协作、断枝向上的时候，就是智慧升起的时候，而这份智慧会告诉我们，要成就众生、成就他人，让更多人受益才是你事业能够成功的根基。同时让他人成就，就意味着你带着更高的使命去帮助他们。

在人生成就的路上，我们会经历无数的坎坷，但关键在坎坷到来的时候，我们有没有能力除却习气，尤其是那些让我们进入惯性、陷入迷茫的习气。所谓修行修短板，就是除却习气。

引领中觉他，集体出发

如果上述发现、唤醒、激发、重塑是一个自我唤醒与自我觉醒的过程，只能说这场穿越只是来到了黎明，还需要一个“引领”喷薄日出的环节。

今天的社会组织以及社会分工已变得越来越明晰，我们谁都不能独善其身。我们都需要与他人协作才能完成一项事业，企业家领导的组织事业更是如此。

所以，有了自觉，还要引领觉他。指导和引领他人完成这个穿越，才可以做到集体出发，集体远行，一条心，一起走。

一个组织领导者，能够完成自我的觉醒，也能完成引领他人的觉醒。这样我们想成就他人的事业，开启精彩的人生下半场，才能变得愈发现实和真切。

人生第二曲线可以自觉、觉他次第进行，也可以集体出发一同穿越。后者可能会慢一点儿，但它绝对可以走得稳健、行得久远。

七、体悟开悟的人生大自在

感受马斯洛第六层的自在

到这里，人生第二曲线的穿越就来到了阳光明媚、春暖花开的时刻，回望那个向下、暗黑穿越、再次第向上的历程，我们竟然收获了人生第二曲线穿越的“十字诀”：

发现：发现自我的独特密码；

唤醒：唤醒内在的自性智慧；

激发：激发自我的人生愿力；

重塑：重塑人生成就方程式；

引领：引领众行的人生穿越。

完成人生中场的穿越，来到下半场。我们就极有可能感受到马斯洛所观察的那种不到1%，但又做到了自我实现或自我超越的人的状态。

亚伯拉罕·马斯洛（Abraham H.Maslow）在《动机与人格》一书中这样描述“自我实现的人”的特征：

（1）对现实的感知：对现实采取客观态度。

（2）接受性：能承认自我、他人和自然，不会因不足和缺陷而忧心忡忡。

（3）自发性：流露出自发、天真和单纯的情感，坦率自然，真实展现自己。

（4）以问题为中心：集中注意于自身以外的问题，能献身于事业或使命并全力以赴。

（5）超越独处：有超然于世的品质并爱独处，依靠自己的自由意志求得安全和满足。

（6）自主性：有较强的自主性及独立于文化和环境的倾向，具有独立思考和自我管理能力。

（7）清新的鉴赏力：对周围现实有奇妙反复的欣赏能力，不会因事物重复出现而失去敏感。

（8）高峰体验：比一般人更能经常感受到强烈有力且极度狂喜、迷茫或敬畏等的情绪体验。

（9）人类同族感：关心社会，对他人具有真诚的感情、充满爱心。

（10）谦逊与尊重：具有民主价值倾向，谦虚待人，极少偏见，愿意向他人学习，尊重他人的权利与个性。

（11）人际关系：认为忠诚不是一时的事情，仅和为数不多的人发生深厚的友谊。

（12）道德规范：强烈的道德价值观念和审美感，有明确的道德标准。

（13）手段与目的：二者有明确的界线，强调目的，手段从属于目的，更欣赏达成目的的过程。

（14）幽默感：非敌意的富有思想性与哲理性的幽默，具有很强的感染力。

（15）创造性：用新鲜、率真而独特的眼光看世界，富有创造力或独创性。

（16）对文化同化的抵制：有主见和独立思考能力，反对盲目遵从，能在重大问题上顶住环境的压力，坚持自己的正确观点，认定的事情就坚持去做。

（17）不完美性：也有人类的一些小缺点，易怒、暴躁、粗心、固执、挥霍、愚蠢等。

（18）价值：面对冲突和斗争更倾向于享受差异，而不是害怕，有更为普世的价值体系，其最高部分是个人独特的性格结构体现。

（19）二分法的消解：把过去认为内在对立的东西看成是统一体，欲望与理性相互吻合。

在这里，我们可以深刻感知到自我实现或自我超越的人生，首先是对现实能有真切的感知，能够接受一切的好与坏，并能够激发出自我的自发性，做到超然。

对问题、趋势都有清晰的鉴别力。因为笃定，每天都会拥有“心流”所倡导的高峰体验。

因为对人类的深切同理心，所以无论何时，总是保持谦逊，尊重他人，并妥善地处理各种人际关系，并遵守人类的道德规范。

能清晰地知道目的是什么，手段又是什么，绝不会把手段当目的，同时能够保持清醒的头脑。

对惯性、同化保持抵制，也能接纳自己的不完美，并始终以实现他人的价值，以及社会的价值为追求。

同样在对与错、是与非、好与坏之间不纠结，彻底地消除二分法所带来的偏见和纠结。

体悟开悟的人生

经过“发现”“唤醒”“激发”“重塑”“引领”十字诀构成的“U”形穿越，完成了人生第二曲线的穿越，我们也就跨越了中年的危机，从人生上半场来到了下半场。

这意味着从自我完成了向他人的穿越，从追求物质到追求意义的穿越，从个人成功到成就他人的穿越，更是从外求走向了内求的穿越。自此，我们可以开始体验星云大师所说的“开悟人生境界”：

在这个境界里，我们努力自我点燃自己的生命。这生命是光，自照照人，没有黑暗。无论什么时候，什么环境，我们的思想都是正面的，积极的。拥有无畏的勇气，面对一切。没有牢骚，没有抱怨，只是真实地活在每一个当下。

我们充满自信，因为我们找到了生命的根。我们对自我生命本真的认识非常清晰，而且充满毫无疑惑的确信。

我们努力寻求心不离身，身心合一。身在哪里，心就在哪里，心就定在生命的那个本质上。我们懂得在心上去攀缘，懂得回到心上去寻求真理的本源以及激发的力量。

我们心怀感恩，努力付出，在感恩和付出中收获喜悦和满足。

我们也因此成为一个真实的、有智慧的人，能够对优点与缺点、对与错、善与恶、是与非进行不二的统一。

没有智慧的人，对事事一无所知，不了解宇宙真相和人生的意义，做事就没有好的方法和策略，无法实现目标。而具有智慧的人能够觉知宇宙真相，获得大道理，明白人生意义，能够轻松处理任何问题，非常清楚如何做事才能事半功倍。

多条第二曲线的开启，奔向大成就的圆满人生

达至上述开悟的人生，非得经由人生第二曲线的穿越。否则就是一个普通的存在，像绝大多数人一样，一生只有一条短暂的曲线，只看到半山的风景，就陨落和消沉了。

第二曲线是美妙的，它可以让我们在到达顶峰趋于下降之前，主动选择先由一个向下回到内心，再完成一个重塑与开启的过程，并且再次到达远比第一曲线的高度更高的人生圆满点。

但也未必一个第二曲线就能彻底完成这个转换和穿越，只要我们沿着第二曲线的逻辑和次第，当我们在下一个高点到来之前，开启多条第二曲线，也许就可以在螺旋式上升的人生成长的路上，奔向更加圆满的人生。

这就是人生的真谛，也是人生快乐的源泉。

【叁】

43 岁中国企业的穿越

中国改革开放的43年，是中国成其为有真正企业的短暂但又辉煌的43年。成功的中国企业43年，创造了巨大的财富，但因此也建立了成功路径的依赖，所以四十本应不惑的年龄却整体有惑了。

商业历史的天空，让你明白逐渐远去的昨天、正在发生的今天，以及渐渐升起的明天，从而明白复制美国的成功是绝无可能的，只有坚定地启动企业第二曲线的穿越，中国企业才会真正地四十不惑。

双“U”穿越，因为企业家心力觉醒的引领，人事合一，合自心、合他心、合社会的心，做社会企业和“三德”社会企业家，中国企业不仅可以顶天立地，还可以借由中华民族伟大复兴的时代引领世界商业文明的进化。

一、逝去的商业1.0：机会驱动与体力资本经营

2012年之前繁荣的中国企业

自改革开放以来，中国经济经历了43年高速的发展，这43年是一个世界经济史上的奇迹。

2020年中国经济总量突破100万亿元人民币，2021年更是达到114.4万亿元人民币，按年平均汇率折算，达17.7万亿美元，稳居世界第二，占全球经济的比重预计超过18%。人均国内生产总值达到了1.25万美元，超过世界人均GDP水平1.21万美元。

在这43年当中，中国经济一直延续的是三驾马车：投资、出口和消费。在2012年以前，尽管经历过类似2008年的金融危机，但是通过中国政府和地方政府的大量投资，使中国成功度过了经济寒冬，随后保持相对中速的发展。

也正是中国经济的不断发展，真正意义上的中国企业也相应相生，伴随着中国经济的起伏而发展。

繁荣的逻辑：商业 1.0

我们可以把改革开放初至 2012 年的中国经济称为商业 1.0 时代，这是一个具有特殊背景的经济时代。

中国很长时间都经历着生产力和生活水平低下，社会物资极其匮乏，所以改革开放初期的中国经济和中国企业经营，就具有以下三大显著特征：

物资短缺：一切生产经营活动围绕的都是满足各种短缺，而且较低层次的短缺满足，无论是生产资料还是生活资料，只要能生产出来，都不愁销路。

制造复制：因为对外开放，特别是外资的引入，所以这个时期主要的活力是制造，将国外验证的产品形态、生产方式以及生产技术，全盘引入，不需要原创，只要建构起产能，就能源源不断生产出产品，供向全国乃至全世界。

低资源成本：这一切都是建立在超低的资源成本之上，低廉的劳动力成本和久经压抑的劳动力热情、低廉的土地成本、低廉的资源消耗成本和不计代价的环境成本、优惠的各种税收政策，于是构建了全球的成本洼地，也成就了卓越的成本力优势。

物资短缺、制造复制、低资源成本，三大显著特征和优势，加之中国不断坚守和深入改革开放的利好政策，中国经济持续繁荣。

机遇大于能力

我们给商业 1.0 下个定义，就是典型的“机会驱动”。因为需求与供给之间存在巨大的差异，供给远远跟不上需求，需大于求，不仅是国内市场，还包括全球发达市场对转移产能、低廉质优商品的需求。于是蜂拥的需求，让中国一下成为机会的爆炸地带，遍地都是机会。

当遍地都是需要满足的市场需求时，我们就拥有了获取企业顺利发展、创业者大把赚钱的时代红利，这就是时代赋予 1.0 时代的商业机遇。

有人说这是一个做“填空题”的商业时代，到处都是短缺留下的空当，只要有胆识，具备基本的资源整合能力，就可以取得成功。现在看来，这种说法一点儿也不为过。

所以，中国开始出现了第一批企业家，他们具有超强胆识，能够闯过尚不明朗的各个政策模糊地带，涌入这些填空式的机遇地带，构建起能够投入生产的基本设施和条件，加之本身具备吃苦耐劳、勤奋坚韧的决心和能力。于是他们成功地挖到了企业发展之路上的第一桶金，也因此建构起了企业家的光荣称号。

体力资本经营

总结这个时期的商业和企业经营，也具有三个本质：

产品为王：谁拥有产能、能生产出社会所需的产品，就拥有主导权，哪怕只是做代加工，也一样可以赚得盆满钵满，这也是为什么中国的第一批富豪多诞生于制造端，而且分布在珠三角和长三角制造业发达的地带。

交易驱动：正是产品为王，所以赚钱的逻辑也比较简单，一种较为简单和传统的买和卖的交易形式，那时不太需要也很少谈及商业模式。

剩余最大化：一切都是按照马克思所阐述的追求剩余价值最大化的逻辑去交易，追求差价的最大化。或是制造与销售的差价，或是进货与售卖的差价。

而这一切的核心资源都是围绕：

以物为本：为了确保交易驱动的差价最大化，让产品成本具备竞争力，就必须确保生产资料的价格竞争力，而资源就是核心竞争力。这些资源都是有形的实物：上游原料、土地厂房、生产设备、税收政策等，这是一个物本驱动、以物为本的商业和企业经营的时代。

体力资本经营：围绕物本，为了确保交易剩余最大化，劳动力成本差价就成了核心赚钱要素。低廉地雇佣和使用体力，创业者也勤奋和超长时间地自我付出体力，所以体力也成了资本要素，体力资本经营也就成了商业 1.0 的主旋律与时代特征。

消失的红利

基于投资拉动的大规模基础设施建设，以及填补物资短缺的全民热情和动力，中国快速构建了巨大的制造业势能和规模，于是1.0时代的商业在经过30多年的超高速发展之后，支撑这个时代运转的高红利逐渐开始衰减，进入一个新的时期。

首先，短缺的需求红利被大大压缩，由于不断涌入的资本和产能，让所有的空白都被填满，供给产生了极大的过剩，也从卖方市场转入买方市场，众多行业进入白热化竞争态势，于是全体商业和企业史无前例地进入改错题的经营时代，简单填空容易，把错改对、从激烈竞争中脱颖而出就难了。

其次，由于低效复制和高耗能支撑，原本资源的相对优势也慢慢变得稀缺与昂贵，土地成本、能源成本、原材料成本大幅度增加，但成本加价的定价模式，面对过剩的供给以及白热化的市场竞争，让价格非但不能大幅上涨，甚至还有所下降，于是进销差价大大被压缩，原本传统而初级，却又十分有效的进销差价经营模式的红利，也几近走到了尽头。

最后，以体力资本为核心的劳动力成本优势、大规模供给以及持续高效能投入的意愿，在面对商业和企业不断压缩利润空间的压力下，也变得越来越没有优势。

基于对贫富差距的约束、就业群体的基本利益捍卫，无论是社保还是最低工资标准都在国家政策的保障下，逐年上涨。

在劳动力净供给方面，据北京大学国民经济研究中心的数据，中国从 2012 年开始，劳动力每年减少两三百万，2022 年以后每年会减少 1000 多万。劳动力总量在减少，这是一个事实，而且将是一个长期趋势。

同时从成年劳动力人口的参与率看，比较 1990 年、1995 年和 2000 年三个时点，仅仅 10 年的时间里，劳动参与率年龄模式就有了明显的差异。随着时间的推移，青年劳动力人口的参与率处于降低趋势，参与率达到高峰的年龄在推迟，1990 年劳动力人口在 21 岁开始进入劳动参与率高峰期，而 1995 年为 23 岁，2000 年为 27 岁。2000 年成年劳动力人口的参与率与 1990 年和 1995 年相比也都有较大幅度的降低。从 15 ~ 64 岁总劳动年龄人口的劳动参与率看，整个 20 世纪 90 年代都处于下降趋势，由 1990 年的 84.18% 下降到 2000 年的 79.31%，10 年间降低了 4 个多百分点。从分年龄段看，15 ~ 24 岁和 25 ~ 44 岁人口的劳动参与率有大幅度下降。

年轻人劳动参与率降低，一方面是中国大学教育的普及，让更多原本供给就业大军的年轻人进入本科、研究生甚至博士的学习中，推迟了就业的年龄。同时更为重要的是，随着中国整体发展水平和家庭收入水平，特别是财富累积水平的提高，尤其是独生子女社会，让新一代年轻人不再有意愿进入低端产业，父母也期望子女不要再像自己一代那样去打拼和拼命。

低成本优势转移到东南亚

除了国内红利的消失，中国作为世界成本洼地的红利，也受到周边欠发达国家的挤压和蚕食。

因为中国 1.0 商业具有复制西方发达国家产品的特征，所以这些原创者们，根本动机就是追求利润最大化，当中国红利消失，同时挤压他们希冀的高利润时，他们就会寻求新的洼地与出路。

于是，拥有高人口基数、各项成本更低的东南亚国家，像曾经改革开放初期的中国一样拥有更好的低成本优势：低廉而又大量的劳动力供给、低价格生产资料和生产资源、对环境的漠视、渴望发展的优越政策等。这时相对于中国，它们的优势就显得越来越突出。

世界工厂本就是一体的，随着新的低成本洼地的出现，大量的制造业开始向东南亚转移，不仅仅是西方跨国公司的工厂向东南亚地区转移，我们中国人自己的制造业也开始向这些劳动力成本低的国家和地区转移。

出口拉动中国增长的动力于是也被压制，随着制造业的外迁，中国的出口订单开始下降，本就供给过剩的产能显得更为过剩，中国商业 1.0 遇到了严重挑战。

二、遭遇瓶颈的商业 2.0：创新驱动与脑力资本经营

消费升级逼迫差异化的供给

改革开放 40 多年的发展，不仅让中国国力空前增强，人民的生活水平也得到极大的提高。慢慢地，人们的消费水平与消费观念也迎来新的拐点。

首先，中国居民的恩格尔系数逐年下降。恩格尔系数是衡量人民生活水平的一把刻度尺，比较通行的国际标准认为，当一个国家平均家庭恩格尔系数大于 60% 为贫穷，50% ~ 60% 为温饱，40% ~ 50% 为小康，30% ~ 40% 属于相对富裕，20% ~ 30% 为富足，20% 以下为极其富裕。1978—1998 年，中国居民的恩格尔系数由 65.9% 降到 50.5%，由贫困实现了温饱。1999—2008 年，中国居民的恩格尔系数由 1998 年的 50.5% 降到了 2008 年的 41%，由温饱走向了小康。2009—2016 年，中国居民的恩格尔系数由 2008 年的 41% 降到了 2016 年的 30.6%，中国社会进入相对富裕行列。

同时，中国农村居民与城镇居民恩格尔系数的差别，也从 1978 年高出 15.06%，到 2008 年高出 13.27%，2016 年高出

12.11%，差距在缩小。这是由于中央对农村经济发展的高度重视和大力支持，尤其是党的十八大后，党中央把脱贫攻坚作为全党和全国的中心工作，使农民逐渐走向了富裕，因此城乡差别在逐步缩小。

恩格尔系数的降低，说明中国居民用于食品消费的支出占比在大幅下降，用于其他可支配的收入在大幅增加，消费开始升级，于是商业 1.0 阶段的需求得到充分满足的同时，新的需求开始大规模释放。

腰包鼓鼓的中国人涌向全球供给市场，展现出极大购买力和购买热情，同时购买的多样性显然不是简单的基本生活品所能囊括。

走出竞争的差异化

基本生活品之上的多样化需求，也彻底打破了商业 1.0 时代的统一均衡的市场格局，市场被切割、分解。

市场细分变成了企业的战略素养，产品也因为市场细分、要满足不同人群的各异需求，而变得与众不同。

以简单复制的制造模式，再也无法满足大幅升级的中国消费者的需求，同时也很难具备市场竞争力，于是市场细分、差异化竞争、创新驱动，让中国商业历史进入 2.0 的时代。

商业 2.0 时代

“创新驱动”是商业 2.0 时代的核心定义，具有以下三个本质特征：

第一本质特征是用户驱动。这与商业 1.0 时代的经营具有显著的差异，那时是满足短缺的物质需求，所以产品为王。而 2.0 时代是在产品过剩、用户消费升级的基础上演变而来，一切都要围绕用户需求来重新定义产品。

1.0 时代谈产品，津津乐道，爱不释手。于是很多来拜访我的企业家和创业者，谈起他的产品可以一谈一小时、两小时，然后我请他谈谈这么好的产品销售如何，如同点到了他的痛穴，立马蔫头耷脑起来。我说，那请你谈谈你的产品对准的目标客户以及目标客户的画像吧。嗯，嗯，他们是年轻人，具有……，不到 30 秒就说完了，好像把他的客户套在任何其他产品和品牌上，也合适。于是我耐心地请他继续，他很难为情，除了现场临时演绎，似乎也说不出更多的所以然来。

这就是 1.0 时代的惯性，不仅少数人是这样，很多人在谈及他的用户和用户画像时，都是这样的浅陋和寥寥数语就难以继续。

1.0 时代也谈用户驱动，只不过他们的驱动更多是在根据自我的判断和决策生产出产品和服务之后，为了把产品和服务销售出去，走向客户去敲门拜访，目标无非是把生产出来的东西卖出去，这绝非 2.0 时代真正意义上的用户驱动。

2.0 时代，一个真正意义上的用户驱动的商业或企业组织应该具备以下四大环节和做法的闭环：

第一环节：决定生产什么的定义环节。在决定企业向市场和客户提供什么类型产品和服务的时候，真正客户导向的公司会深刻洞察客户及其需求和痛点（包含趋势性、隐形的需求），以此为出发点来提供针对性的产品或服务并不断迭代。然而，一个典型的非用户思维的企业会根据自己拥有的技术和能力来预设一个产品，然后再通过他们所谓的用户思维去寻找客户以便卖出产品。

第二环节：如何提供的制造环节。在实施用户订单时，真正以客户为导向的公司会建立以客户订单为导向的内部协作式、端到端的工作流程，目标是与客户保持互动下的完整可视过程，并确保一个明确、统一的客户交互。非客户导向的公司则将客户的订单按内部职能进行切割，切片式地实施。一旦出现问题，大家都站在职能角度说事儿，多点面对客户，结果客户被当成皮球踢来踢去。

第三环节：质量保证的交付环节。是仅仅为了关闭一个客户订单，还是把订单交付当成一次完美体验的机会和过程，在此客户导向的分水岭就非常明显。非常多的优秀客户导向公司会把交付环节当成深度客户洞察、服务和营销的绝好机会，这时会利用与客户交付的过程，寻求客户对产品和服务的评价、反馈意见以及改进建议，以更好地履约下次交付，甚至产品升级迭代。当然，在完美交付体验互动中，自然也就会得到客户的口碑、品牌传播和新的营销机会。

第四环节：客户损失的处理环节。产品交付或使用过程中，出现瑕疵在所难免，非客户导向的公司会被动等待投诉和抱怨。在处理问题时也会首先站在“让我损失最小”的所谓企业思维之上，殊不知恰是这个企业利益优先常常会让我们捡了芝麻丢了西瓜。而真正客户导向的公司会首先站在客户的角度理解其急切与焦虑，本着解决客户问题的立场去做事，直至一个满意的结果。家用吸尘器品牌“小狗”，就向客户喊出终身包换的产品主张，很多人担心企业利益会受损，但小狗电器创始人檀冲却说，要相信客户都是善意的，他们绝不会恶意换货。事实上，换货损失第一年只占其销售总额的不到3%，但他赢得了市场口碑和近几年成倍的高速增长。而且这个包换承诺，让公司的运营和效率改进、质量提升发生了显著的变化。

如果说1.0时代的财富创造建构在有形的物质基础上，那么2.0时代开始转移到人的身上，得用户者得天下。这也是为什么后来的财富拥有者大多是拥有海量用户资产的企业家，而且他们财富累积的速度和体量远超过1.0时代的生产型经营者和企业主。

所以，用户思维、用户洞察应该成为商业模式2.0时代的第一个本质特征。这也是我们在企业家私董会里反复折腾企业家们的一个主要环节，在决定产品和业务方向时，用户洞察应是基本动作和基本素养，而且还要有深度，1.0，2.0，3.0，用户洞察要不断迭代，时时刻刻深刻理解用户需求，并以此为驱动。

商业 2.0 时代的第二个本质特征是“精准定位”。精准定位就是针对目标用户的特定需求，提出特定的解决方案。所以，有人这样来重新定义 2.0 时代的产品：产品 = 目标客户 + 特定需求 + 解决方案，我认为精准至极且恰到好处。“江小白”这个品牌在中国名酒林立和品牌众多的市场中，选准的就是年轻人，针对社交场所人际交往的需求，将低度酒与饮料相结合，成功创造出一款年轻人超喜欢的爆款产品，而且还不是针对一线、二线城市的年轻人，这就是精准定位，讨好目标人群，而不模仿所谓的传统酒产品，也不讨好传统酒的消费者。

商业 2.0 时代的第三个本质特征是“差异化竞争”，差异化就是在对目标顾客需求深刻洞察基础上的理解，或解决痛点，或解决行业的弊病，或激发了顾客显性需求之下的隐性需求。但这些方式都通过直击客户心智和可留痕的价值主张，让自我的解决之道或产品服务，区别于竞争对手，并从顾客心智中脱颖而出，挤上品类的头把交椅或前七名。因为顾客心智记忆有限，常常只能记住排名靠前和印象深刻的。这就是差异化之于创新的价值，也是创新的魅力和精髓所在，更是商业 2.0 时代的主旨与核心。

驱动创新的逻辑

创新也有它运转的逻辑。首先，创新是来自对某种新的技术前沿或消费趋势、消费需求的预判，形成一种技术、产品或商业的创意。

创新首先具有成功的不确定性。一种新的技术，特别是一种颠覆性的创新技术，会经历走向应用的原型转化、形态迭代和市场验证，最终被市场接纳和形成规模，才能称为成功，所以这需要前期大量的资金和资源的投入。

其次，创新的技术并不完全都能转化成产品应用和市场效应，所以创新同时还具有高失败率，投入未必能转化成商业的效果，这就更加需要不断的资金投入，以确保一个企业能走在持续创新的路上，以最终取得创新驱动、走向成功的道路。这也是为什么衡量创新企业，一个非常重要的指标就是研发费用占收入的比例。

最后，以人为本和人本驱动。创新的主体是人，这包含两个方面。一是转化为未来购买主体的客户和用户，他们是驱动创新的原点，也是终点。不能上升为市场和用户购买的企业创新都是虚妄和徒劳，而这个创新解决的是无中生有的未来和潜在的需求与应用，所以需要具有人性洞察，还需要有前瞻性预判和决断的企业家主体来引领。创业便是创新的最佳实践形式。同时这些企业家的前瞻性创意，要转化成创新的成果，需要完成技术、产品和商业的转化，所以需要有创新的人才和团队来支撑和完成，这便是创新的第二大主体。所以理解创新的真谛，就是对人性的理解、洞察和把握。

创业者发现创新的创意，通过原始资本或社会筹措资本，进而吸引创新人才，人才带来技术和革新，资本、人才、技术，三者构建了创新的逻辑，也诠释了当今创新走向成功的路径。这三者既有顺序，也相辅相成。

世界变平的资本流动

资本带来人才，人才随着资本流动，人才又带来创新的技术，这在美国华尔街、硅谷的创新模式当中已经表现得淋漓尽致。中国开启的创新沿袭着同样的逻辑和故事，自 2014 年国家推动“双创”活动以来，这一规律得到越来越明显的验证。

有一本书叫《世界是平的》，向我们介绍了互联网技术的发展让世界有了更加快捷高效的链接。但是在世界变得越来越平的时候，资本的流动也变得全球化和加速起来。

中国创新时代的代表性成功企业，背后都是国外资本的影子，同时也出现在全球的资本市场上。中国的创投也逐年活跃和发达起来，推动和支撑着众多领域的创新和创业实践。

脑力资本统摄的赚钱时代

但是我们不要忘记资本这样有形的货币，仍然是受无形的脑力的主导。事实上，资本总是掌握在少数具有趋势判断和敏锐洞察的投资家的手里。有人说，华尔街集聚了世界上最聪明的人。甚至还有这样一个说法，智商低于 150 是不可能在华尔街存活下去的。

事实证明，这绝不是危言耸听。我们可以看到这些强势的资本是如何变得强势的逻辑，聪明的投资人，凭着自己的眼光和手中的资本，精准地看到和投到潜在的技术和商机上，并最终获得十倍、百倍、千倍甚至万倍的回报，于是更多的社会资本涌向这些投资人，以求超额的回报。

于是资本的地位，以及它来统领人才与创新的力量，就变得越来越突出。正是由于有成功的投资人和成功的案例，我们越是需要创新，需要尖端的、颠覆性的技术的时候，越是需要这些投资家的支持。

创新驱动的商业 2.0 时代更加注重产品之上的商业逻辑构建和商业模式搭建，使得赚钱的方式更符合人性和高维。这个时期常常听到“羊毛出在猪身上狗来买单”，就是这个逻辑。比如如今的智能电视，可以以很低、不赚钱的方式让广大用户购买，以占据用户的客厅。然后通过开机广告、各种 App 进驻等方式，多方赚钱，来满足电视生产商的利润诉求。

创新的商业模式高于传统的进销差价模式，可以做到多方获利而共创共赢，于是规模扩展更为迅速和壮观。这显著区别于 1.0 时代的简单进销差价模式，也不再是体力资本赚钱，而是脑力资本经营。

脑力资本在创新驱动的商业 2.0 时代，统摄了整个创新的命脉，包含创意开启、资本筹措、资本运作、人才聚集、技术创新开发、商业模式创新等方面。所以，脑力资本奠定了 2.0 时代的商业和企业经营的根基，也站上了更高的维度和势能，从而雇用和统摄体力资本，让体力资本和脑力资本经营的效益更大化。

脑力资本代表着人的思想和创造力，也代表着启动思想和创造力的意愿，所以，商业 2.0 时代是一个真正的以人为本、人本驱动的时代，显著区别于 1.0 时代的以物为本、物本驱动的时代。

商业 1.0 时代的企业家的集体不适应

通过图 15，我们就能看清商业 1.0 与商业 2.0 的区别。

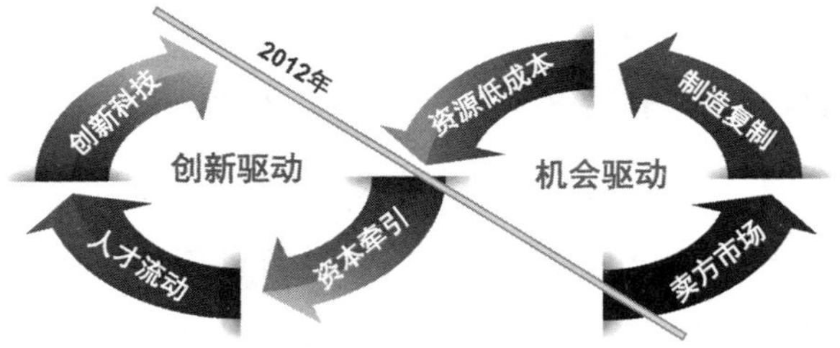

图 15　商业 1.0 与商业 2.0

成功走过 1.0 时代的企业家，在迎战商业 2.0 时代时，集体出现了不适应。这在过去几年对中国企业家的访谈中，我有明显的感受。

在华东地区，上海是金融中心和世界 500 强总部中心，江苏曾经很长一段时期是国有企业和外企集聚地，浙江则是民营经济最为活跃与发达的地区，中国制造和中国小商品走向世界，这里功不可没。而且浙江人具有非常聪明的头脑，也有非常强烈的经商意识和经商历史，自诩为东方犹太人，属于最早的民间资本比较活跃的商业地区。在商业 1.0 时代，浙江的企业家就已经开始充分利用资本的杠杆。但当挤泡沫时，浙江地区的很多企业，就感受到了比别人更快到来的阵痛，这在 2012 年之后的 2013 年和 2014 年尤为突出和明显。这里在商业 2.0 的创新时代，尽管拥有资本的助力，但生产形式和生产产品仍是机会驱动时代的产物，资本只是扩大生产规模的形式，并没有投入基于人才的流动，带来创新的技术，从而推动产品的升级，以适应升级的消费。而且这个资本并非专业资本，最多仅是民间借贷等寻求高额回报的热钱，往往利息非常高。

广东珠三角地区，始终保持着与世界接轨，并始终把握着商业的风向标，走在市场的最前沿。当商业 1.0 时代向 2.0 时代过渡时，珠三角地区企业家的感知是最清晰的，也是最早的，所以珠三角地区的企业率先迈入科技创新的大浪潮之中，开启了商业 2.0 的时代。

2012 年之后刚开始几年，我几乎就扎根在珠三角。对比起来，至今印象仍深刻的是：在与企业家相聚时，北方地区的企业家总是关注我认识谁，看能否攒个局，认识几个有权有势的人物，再谋一个或资源或政策驱动的生意，这在当初盛行的 EMBA 教育简直就是通识。而华东地区的企业家总是关注如何拿到更多的资本，或填补铺开摊子而形成的亏空，或扩大再生产。广东地区的企业家则比较关注技术创新，比拼的是专利数量，不仅关心总体获取的数量，还关心每年的增加数量，因为行业不同、规模不同，所以横向很难比较，但比较专利数量就是国际通行原则。华为成为世界主要科技大企业，就是因为专利数量的世界排位。中国整体的年专利数量也在突飞猛进。

但广东地区的企业家们务实的态度也几近极致，基本不借贷、不融资，连银行贷款也较少，基本上靠经营的利润来投入创新和扩大再生产。一位靠技术创新成为细分市场世界第一，同时把制造业净利润率做到 25% 的企业家，在 2014 年 IPO 上市之后，这样感慨，过去一直习惯自我输血，启动一个重要的创新总是显得紧巴巴的，真的上市扩大圈层之后，才发现社会上有用不完的各种资本，只要你有潜力有未来，这些资本都能为你所用。从此之后，这家企业利用自我的创新机制，启动了一个又一个创新项目，因此成了黑科技企业。

2014 年当电子商务热潮再次升起、中国启动“双创”之后，许多投资家才猛然发现广东珠三角地区才是投资的洼地和热土。也正是对社会资本的不关注，珠三角地区在商业 2.0 时代开启的初期也面临创新驱动逻辑的不闭环。因为资本不强，人才就难以招进来，进而技术转化为新产品和新商业的进程就被延缓了。

2012 年让商业 1.0 成为不可逆的昨天时代

机会驱动的商业发展到顶峰，就是供给市场的极大过剩，同质化的竞争必然驱使商业走向更低的成本和更廉价的资源，于是政企之间的关系就变得愈加微妙和频繁互动起来，这在 2012 年及之前，可以说达到空前。

高端消费背后的求人、求财、求办事、求资源等等，支撑着商业 1.0 时代的盛宴。

“八项规定”的出台和坚定执行，以及持续的深入反腐，约束了不正当的商业行为，也启动了服务性政府的涌现，从管控走向促进企业创新的赋能型和激励型政府。深圳这样的创新之都横空出世，激励与引发了无数城市和地区的效仿与学习。

“绿水青山就是金山银山”，我国将环保纳入商业的准入指标，过去一味的资源消耗、低效率和低排放，从法律和监管的层面直接被管束起来，低资源成本的商业逻辑直接被否决。

所以，2012 年是开启商业 1.0 时代终结进程的一年，不管你愿不愿意，商业 1.0 成了不可逆的昨天时代。

“90 后”“00 后”留给商业 1.0 时代企业家们的更大难题

企业家们可以不相信商业 2.0 时代到来的信息，仍然可以沿用 1.0 时代的思维与方法经营自己的企业。但是你的企业无法避免“90 后”和“00 后”构成的就业主体时代的到来。

在商业 1.0 时代，我们雇用的是缺乏高等教育、有苦难的家庭、能吃苦的“60 后”和“70 后”，但今天社会工作的主体已经变成了“85 后”“90 后”“00 后”，这是完全不同的新新人类。

经由机会驱动时代的红利庇护与父辈打拼积累，他们具有良好的教育，不错的家庭物质基础。按照马斯洛的需求理论，他们显著区别于父辈从最底层生理需要和安全需要而进入职场，他们可能直接从马斯洛的第三层“爱和归属的需要”开始出发。

他们拥有清晰的自我价值观体系，一份调查报告这样描述“00 后”的价值观：

对己 —— 懂即生活，以对某领域的深刻见解和成果来定义自我。

对事 —— 现实，积极获取资源来发展自己的领域。

对人 —— 包容，接受同伴跟自己的差异；适应，知道对什么人要展示什么形象；关怀，关心自己所在的群体。

对社会 —— 平等，跟任何人的对话方式都是一样的。

“90 后”“00 后”不仅将成为企业的就业主体，而且也正成为社会的消费主体。在《圈层效应》一书中，作者通过 20 年持续研究，总结出了“95 后”圈层（即“Z 世代”）的六大特点：年龄包容性、在线化、低技术门槛、财富影响力下降、文化跨界和创意思维。无论是开发产品、制造话题，还是吸引用户、创造市场，只有读懂圈层，才能找到符合“95 后”市场的商业逻辑。这些年轻人对于企业的判定标准只有一个，那就是这个企业的价值观是不是跟他们的一样，这个企业在做的事是不是他们觉得有意义的。如果一个品牌能跟他们保持一个很好的关系，他们会很容易成为这个品牌的代言人，反之，他们就会成为这个品牌的噩梦。对待他们最重要的是真诚，他们没有传统的品牌忠诚度这一说，他们在乎的是真诚对话的力量。如果某些品牌的宣传方式没有诚意，也就是没有触及这代人关心的问题，或者是与社群的价值观不一致，他们就会转而投向其他品牌的怀抱。

如果企业家还停留在商业 1.0 时代，试图让这些生力军成为成就你个人、为你创造财富的工具和手段，他们会用脚投票，用鄙视来选择离开。因此，如何找到拥有新的知识结构和更高追求、敢于创新的人才，就变成 1.0 时代的企业家最不适应的挑战和所面临的最大的难题。这种不适应归根结底是因为要从“人”的角度去把握商业，这对于习惯跟“物”打交道的“过来人”着实不易。

电子商务希冀更低的价格

世界工厂在向更低成本的区域转移，2013 年再次蓬勃发展的电子商务对传统行业的冲击也越来越明显。美国人曾预测说，电子商务占整个零售消费的比例不会超过 10%。但事实是：eMarketer（全球知名市场研究机构）调查数据显示，2021 年中国电商销售额占整个零售市场的比例为 52.1%。

这与中国大力完善互联网基础设施，更与 2.0 时代的互联网创新成果紧密相关，加之持续较长的新冠肺炎疫情，也加速培养了全民的网上消费和生活的习惯。

电商本质上改变了原有的长链条模式，让制造商与消费者之间的距离越来越短，电子商务可以给到消费者希冀的更低的价格。于是在以价格为主要竞争优势的电商环境下，本就不再具有低成本优势的中国制造业，又面临更大的竞争压力。自从电子商务蓬勃发展以来，线下经营、实体经济都遇到了前所未有的冲击。

电商平台对价格的希冀没有最低，只有更低，对冲企业经营压力只有强化不断的创新，追求人无我有，人有我新。

APEC 蓝瞬间唤醒的美好时代渴求

商业 1.0 时代造就了中国厚实的物质基础，同时也带来了严重的环境问题，这在 2013—2016 年达到了最为恶化的程度。2015 年 2 月 28 日网络上播出的《穹顶之下》，让数千万乃至上亿人再次认识到雾霾的危害，让大多数过上小康生活的中国人民，开始真切地渴望蓝天白云、青山绿水。

如何恢复蓝天白云、青山绿水？既有大体量经济规模，又面临整体发展趋缓，还有企业整体转型发展乏力之时，其实大家都不确信。

就在这个时刻，2014 年 APEC 会议在北京召开，为了迎接这次奠定中国在国际舞台地位的一次重要国家元首会议，中国政府采取了严格的管控措施。会议期间，北京汽车出行单双号限行、停止现场施工、北京周边工厂停工停产。一下为繁忙的工作和生活按下了暂停键。

瞬间，北京蓝天白云，蓝得耀眼，蓝得醉人，蓝得让人不敢相信这就是那个曾一度让人窒息和试图逃离的“霾都”。那一刻，我相信每一个市民都在真情呼唤留住这“APEC 蓝”。

这“APEC 蓝”也瞬间让我们看到：

首先，我们一直花费巨额财政经费去研究雾霾形成的机理和生成因素，却不得而知。但 APEC 会议的“暂停键”让我们明白了，工厂污染、汽车尾气和施工扬尘就是真凶。这就是商业 1.0 时代所带来的破坏的一面。问题找到了，治理的方向也就清晰了。这有点出乎意料！

其次，让人烦躁的狂堵交通，现在顺了，全城全天都可以畅行。蓝天，只要舍得，其实不难实现，只是我们愿不愿意去拥有。同样地，“APEC 蓝”告诉我们：生活可以回归简单——单双号限行被大量市民呼吁持续下去；发展也得用新思路——我们不能再粗放地发展，然后又劳民伤财地去治理，还治理无期。为了这个简单的新思路，大家的生活方式和思维方式是可以改变的。我们可以不再纠结！

最后，当然也是最为重要的，当在 APEC 闭幕会议上看到：北京纲领、反腐宣言、“一带一路”、亚洲自贸区、互联互通等一个个重要的成果出现的时候，我们惊呼中国重又站上世界主导的位置。为了这个国家战略的世界认同与支持，中国倾全力来确保一场会议，为的是让全世界看到一个崛起的中国和中华民族的决心与力量！推动这些国家战略的成功实现，中国的企业、产品和服务，才可以找到一个更大的世界市场与发展机遇，也才可以开启一个新的经济增长时代。

无论人生、企业经营，还是国家经济，当处于困顿与转折期时，如果选择放下，不再计较当下的得失，用更高的格局与视野来重塑，转变也就在一念之间，从此天空就可以变得深蓝、悠远，中国经济和中国社会也可以开启一个全新的时代。

三、迎面而来的商业 3.0：使命驱动与心力资本经营

春江水暖鸭先知：中国企业总有清流

美国掌握着高新技术，美国引领着全球的创新，同时美国也利用其领先的优势，制约着其他国家的创新与发展。例如，近期对华为的封锁，对 5G 的打压，对芯片的断供，都是在捍卫其在技术领域的领先地位，从而获取高额的全球利润。

但中国企业当中总有清流，在这样一个脑力资本统摄的时代，中国企业已经开始了新的探索。他们没有完全按照美国所

创立的以资本驱动带动人才流动，掌握核心技术，把握行业至高权力的套路。

（1）方太集团：践行伟大企业的四个特征

方太，中国高端厨电领导品牌，同时更是中西合璧管理模式的典范企业。我们先来看一组创新与经营成果数据：

在 2020 年的新冠肺炎疫情冲击下，方太仍实现了 120 亿元的年营收，同比增长 10%。2021 年 1 ~ 11 月，方太销售收入已突破 136 亿元，同比 2020 年增长 32%，同比 2019 年增长 43%，持续领跑中国厨电。

截至 2021 年，方太已拥有超 5900 余项授权专利，1300 余项发明专利。

方太取得今天瞩目的成就，也经历了一个不断演变的过程。

自 1996 年成立以来，方太的前十年因学习西方管理制度，实现了快速增长。从战略管理、产品设计到绩效管理、品质管理，再到制度管理和流程管理，方太学得刻苦且全面，取得了非常不错的成绩。

随着对企业管理研究的不断深入，一个理念在茅忠群董事长的脑海中也变得越来越清晰，那就是世界上任何一家优秀企业的管理，都要根植于本土文化。而儒家文化正是本土文化的代表，另外，中华文化本就是开放的、包容的、中庸的。所以茅忠群决定带领方太走一条中西合璧的发展道路，将中华优秀传统文化与西方管理制度进行科学糅合，让以中华优秀传统文化为内核的企业文化，成为企业管理的强大内驱力。

这个“中西合璧的管理模式”最终凝结成十六字管理方针：中学明道、西学优术、中西合璧、以道御术。

所谓中学明道，就是遵循天道、人道、企业经营之道、商道，从中国传统文化中寻找答案。

所谓西学优术，就是学习西方从泰勒的科学管理以来的现代管理方法，包括体系、流程、工具、制度等等，以极大提升管理效率。

所谓中西合璧，就是把基于中国传统文化的核心理念、经营之道，与西方的一些具体的管理方法，融为一体。

所谓以道御术，就是在运用西方具体管理工具的同时，也要让它符合我们自己的经营之道和企业的核心理念。

为了确保这种管理模式的落地，方太以中华优秀文化为指导，以“仁爱”为内核，构建了“方太三观”：①使命——为了亿万家庭的幸福；②愿景——成为一家伟大的企业；③价值观——人品、企品、产品三品合一。以此确保经营企业的三观要正，明确什么可为、什么不可为的大方向。

方太立志成为一家伟大的企业，并这样定义伟大：顾客得安心；员工得成长；社会得正气；经营可持续。因此围绕三观，又形成四大践行体系和方法。

顾客得安心：创新立美、品质立信、成本立惠、品牌立义。

员工得成长：关爱感化、教育熏化、礼制固化、才能强化。

社会得正气：法律责任、发展责任、伦理责任、慈善责任。

经营可持续：战略管理、运营管理、人文管理、风险管理。

在经营员工方面，方太更是践行：把员工当家人，创造员工幸福感。方太认为，人是独一无二的，每个人都是“特殊的”。方太让员工在心的指引下，在仁善的感召下，做自己愿意去做的事。所以方太对员工的爱护，更多的是从提升其心性、素质和品行入手，塑造一种学习氛围，内化出一种积极向上、仁爱向善的理念。

2021 年 8 月 12 日，作为中国高端厨电领导品牌的方太，带着对创新科技的独特理解与应用，举办了以“科技至上”为主题的 2021 年度幸福发布会。重磅推出了方太第 2 代集成烹饪中心、方太全新一代洗碗技术高能气泡洗及其应用下的洗碗机新品，为人们展示了科技服务于人的全新方式。从健康安心到舒适愉悦，在创新科技的助推下，中国厨房的使用体验再次实现了质的飞跃。

在“科技至上”的时代，方太重新审视“科技至上”的初心，茅忠群董事长还通过《幸福的智慧 —— 幸福与科技篇》主题演讲与公众分享了创新科技观：要想真正给人们带去幸福，创新科技必须接受价值观的引导。基于对社会、对自然、对行业、对用户的全面思考，方太认为，仁爱为体，才能驾驭科技服务于人的方向；合理为度，才能掌控智能科技的理性生长；幸福为本，才能谨记幸福与共是科技的最终归宿。

（2）德胜洋楼：养活教育树立“中国精造”

德胜洋楼，一家建造美式木制别墅的苏州企业，近1000名员工，都是普通的农民工。它的神奇之处，在于能够把农民工培养成文质彬彬的“绅士”。正是这些拥有绅士气质的“土”农民建造了最“洋”的美式木结构别墅。德胜公司建造的木结构别墅20年无须翻新重修，其质量标准超过了美国标准。德胜洋楼因此成为中国最优秀的木结构住宅建造商，占据国内约70%的市场份额。

更为奇葩的是，一般人会把公司利润作为一项重要指标。德胜每年的利润率却保持在约20%，因为创始人聂圣哲认为：“超过25%就意味着暴利，就是对消费者不尊重。”与此同时，虽然德胜使用的电线等主要材料的价格已经涨了几十倍，但是德胜人通过研发消化了很多成本，使德胜的木制住宅15年来只涨过一次价，目前仍在约每平方米5000元。“德胜永远要做高尚的公司，德胜永远要做充满良知的公司，德胜永远要做捍卫正义的公司。”

德胜洋楼以一本《德胜员工守则》，为企业的管理者提供了一套行之有效的管理规则和规范，并在自己的企业里实践着每一个细节。被很多人誉为“管理的圣经”。从2005年出版至今，改版3次，重印28次，销量高达50万册。

2019年，我带领私董会走进德胜洋楼，与创始人聂圣哲先生朝夕相处了两天一夜，参访、对话、沟通、碰撞。我们最终发现，德胜是一家把爱和产品都做到极致的公司。德胜的成功不是偶然的，它源自其朴素的价值观，凝聚了聂圣哲先生的大爱和智慧，也凝聚着“工匠精神”和“中国精造”的力量。德胜的独到在于：

第一，市场选择。德胜在企业战略中对市场进行了精准的划分，选择了拥有自主定价权的稳定的细分市场，只服务少部分人。

第二，产品极致。德胜产品极具个性，但这些个性背后却是：从结构、制作工艺再到选用材料，每个细节都最大限度地追求标准化和规范化，无不透露出极致。

第三，人性化管理。德胜在最不可控的人员管理上，将农民工变成了训练有素的产业工人，使其通过工作找到了人生的尊严。德胜要求员工做君子，最明显的例子是财务报销制度——员工报销任何费用，都不需要领导签字。在德胜看来，费用报销事关个人信用，个人信用问题应当让员工个人承担。

第四，践行了“向善”才能“向上”的“商业觉醒”理念。对身边人好，无论是对客户还是对员工都是如此。德胜将工龄达 10 年的员工视为终身员工，永不开除。德胜人“放寒暑假”，一次休假 21 天。工作满 5 年以上，每个农民工都可以免费出国考察一次。德胜公司每年都组织一批员工到欧美考察，创始人聂圣哲希望让所有员工都有一次机会出国看看外面的世界。

第五，用最低的管理成本，维持最高的标准。把“管理贵族”变成“精神贵族”的德胜，拥有一个精简高效的组织结构，它的管理成本很低。它不设置总裁办，也没有副总裁，只有几个部门总监和经理，上千人的公司只有十几名管理干部。

第六，始终坚守依据自身能力来开展整体经营的原则。德胜坚持“小而美”，始终围绕 5∶1 的比例承接订单。这是一家“知足”“知止”的公司，它在自己的小世界里快乐地运转，不慌不忙，诚实做事，琢磨着人性和管理的互动，自然而然成了一家高尚的公司，这在现今的中国商业环境中十分鲜见。

德胜公司的技术学校每年会从社会上招收 16 岁左右的初中毕业生，经过两年的封闭式培训和学习，让他们成为合格的技工。这正是创始人聂圣哲所倡导的养活教育的真实道场。他期望养活教育能帮助这些农民工甚至今天具有很好家庭收入的年轻人建立基本的职业技能，以及从事职业的良好素养，让他们能够用自己的劳动、勤奋、智慧养活自己。他把农民工变成产业工人，让产业工人能够有尊严地生活，也是他成功的诀窍！

（3）视源科技：“‘乌托邦’式企业”

视源科技是另一家具有代表性的企业。它是在原有的破产企业基础上，13 个人于 2005 年同心协力创立的一家高科技企业。他们彼此之间不离不弃，在铺着报纸的地上搭建了一个所谓的“人肉”芯片板卡生产线，在与很多竞争对手比拼时拿到了一个又一个订单。

今天，视源科技已经形成了三大核心业务，并都处于行业领先地位。其中，液晶电视主控板卡在 2018 年、2019 年、2020 年分别占全球液晶电视主控板卡出货量的 35.02%、32.41%、31.17%，连续多年位居全球液晶电视主控板卡行业领先地位；教育市场交互智能平板系列产品 2018 年、2019 年、2020 年销量市占率分别为 44%、44%、48.2%，各期均位居中国大陆教育交互智能平板市场领先地位；MAXHUB 交互智能平板产品 2017—2020 年连续四年在中国大陆会议市场交互智能平板排名位居首位，2018 年、2019 年、2020 年销量市占率分别为 20.2%、25.91%、25.5%。这与视源“进入每一个领域都要成为行业第一”的战略定位紧密相关，也是战略成果的充分呈现。

截至 2020 年 12 月 31 日，公司拥有专利超过 5500 项（其中发明专利超 1100 项），拥有计算机软件著作权、作品著作权超过 2100 项。

这是一家带有“乌托邦”情怀和实践的企业。

在创立的初期就崇尚平等、自由的企业文化，同时强调创始人不具备将组织引向未来的能力，因此，创始人从创业初期就在寻求自己的接班人。终于在七年之后，培育出了自己的董事长、总经理，并让他们获取了比创始人更高的股权。

创始人始终认为是一线的员工创造了公司的产品与价值。当国家领导人来公司视察时，他让事情的具体执行者去讲解、去接受高光时刻，而不是把光环留给自己。同时七位联合创始人家庭不分你我共用一个银行账号，买房子、买车都是一样的配置。创始人在外面享受到美食、美酒、美好的东西，总是想方设法采购回来让自己的员工也能分享到。于是，他们的食堂建成的是三星级标准，每月都有美食节。我第一次带企业家团队去学习，正好赶上一次美食节，确实琳琅满目，拥有很多中国和世界各地的各种美食、美酒。我们当时还有幸参观了创始人打造的黑胶声音室。其总经理说，音乐最能陶冶一个人的情操，所以他经常从音乐中体悟欢乐，也寻找灵感，自然听唱片也成了公司的文化和必修课。

当看到员工为了体检需要赶来赶去，还要排长队，既不方便，还白白浪费宝贵的工作时间。同时一次员工家人患癌症难以治愈，创始人深刻感到员工及家庭的健康何等重要，于是他们在企业内建立了最好的体检中心，专门服务于员工及员工的家人。2016 年还坚持每天只体检 50 人，以确保最好的服务体验。

创始人孩子到了上幼儿园的年龄，发现要找好一点儿的幼儿园，只能到广州市区。创始人想，我可以有条件把孩子送到市里，可我的员工都能有这个条件吗？于是在公司附近建立了最好的幼儿园，一视同仁地让员工的孩子入园。

公司倡导自由、平等、包容、分享、进取的组织氛围，始终将“因我们的存在，让更多人事业有成，生活幸福”作为企业使命。公司一方面基于民主方式让员工参与到对企业的决策、工资分配、职位升迁等事情的决断，同时在公司构建创新孵化器，公司将一半的人才资源投入当下的业务经营中，专注的是经营层面的事情；另一半的人才资源投入未来创新中。分别在两座大楼里办公，彼此隔离而又彼此专注。

2016 年参观时，正好赶上他们创新孵化器每周一次的创新大集。在宽阔的大厅里，一个个创新孵化的项目如同农村集市一样，各自摆着摊，各具创意地展示着成果，并努力招揽一个个走来走去的内部人员和外部参访人士，讲解、演示、征询、探讨，对未来前景做着一个又一个的测试。就是这样一边用机制决定立项与否，一边又用市场验证可行性。一旦一个创新项目被否决和砍掉，项目组立马就地解散。正是这样的双轨制，当下业务与未来布局两不误，保证每年高增长的同时，仍布局着未来一个又一个新业务，充分保证“进入每个领域都要成为行业第一”的战略推行。

这里更是年轻人的天堂。2019 年，当我带领企业家再次走进时，一个年轻人带我们完成了整个参观。如此的熟悉业务和产品，又如此的自信娴熟，我们都以为他是上班好几年的老员工，后来的沟通中才发现这仅是一个实习期未满的刚毕业的大学生。但正是这样的企业环境，让每年 1000：1 才能应聘成功的年轻人找到了极大的归属，也快速地成长起来。公司 2020 年拥有员工 4770 人，平均年龄是 29 岁。

这是一个“乌托邦”式的企业，但就是这样一家企业，2020 年仍然创造了年人均 359 万元的高产值。

它的故事打动着每一个去现场参访和学习的人。我两次带领企业家团队走进视源科技，但每一次都感叹于他们的精彩与独特，员工幸福与企业创新兼得。这不正是另一个幸福企业的样子吗？也正是这份精彩和感动，我们每次都采购他们价值十多万元的会议平板，并成了他们的义务销售员和代言者。得人心者，得品牌，口口相传在这里是最好的验证。

（4）海底捞：双手改变命运

创业初期的海底捞没有资本优势，也没有高技术的人才优势，它所拥有的就是一帮朴素的、想改变命运的、底层的劳动者。创始人张勇对他们有着兄弟姐妹般的情谊，当他带着这帮年轻人来北京闯荡时，发现了这群孩子具有极大的自卑心，因不能融入北京而自卑，因与北京居民的差距而自卑，建立不起对工作、对事业的自信心。

懂人性的张勇首先提出，要让我们的员工像北京人一样有尊严地生活。于是他就在选址开店的区域，租高端住宅区的楼房给员工当宿舍，让员工能够骄傲地与北京人同住一个小区，同乘一部电梯，同时在宿舍为员工配上无线上网、空调、洗衣机，让他们融入北京的生活之中。

同时，张勇积极帮助员工解决父母的孝敬问题，每月按时寄送津贴；解决孩子的上学问题，在家乡办员工子弟学校，解除员工的后顾之忧。

同时张勇也提出“双手改变命运”的价值观，尽管缺乏资本，缺乏人才，但这样一种把人当人的做法，极大地释放了员工的自发性、责任心与创造力，都希望把顾客服务好、把经营做好，这样这些企业提供的福利与报酬才可以延续。公司给员工一份尊严，员工回报公司一份惊喜。

海底捞打动人心的惊喜服务，已经积累了上万种，存储在公司的服务库中，从而也成就了今天人人都去学习，人人都愿意去消费的体验，人人都会推荐海底捞的产品与服务，也进而造就了一个中国餐饮的奇迹。

面对科技浪潮改变每一个行业的契机，完成了规模和原始积累的海底捞，也开始启动下一代餐厅的创新尝试。当花费亿元资金打造的无人餐厅、全智能餐厅呈现出来时，仍给了大家新的冲击和想象。它让我们看到一个拥有高员工凝聚力、高顾客满意度的企业，同样可以借助高科技的手段，实现更大程度的对传统产业的升级尝试与创新探索。

2021 年海底捞的大规模扩张遇到了重大挑战，疫情的影响不可否认，但资本游戏催生的富豪心理以及追求更大市值财富的诱惑，将持续考验企业领导人的战略定力和经营智慧，只要回归到初心，特别是践行德鲁克关于“管理本质就是激发人与生俱来的善意和为他人做贡献的潜能”，海底捞成功于此，发展亦将仍在于此。期待这个将 5000 年来无法规模化的中餐做到今天规模的领导品牌，不盲目扩张，不讨好投资者，不追求领导人个人财富，始终坚信“只有满意的员工，才有满意的顾客，也才有持续成功的企业”。

（5）百果园："信任"经营

创立于 2001 年，20 年的时间，百果园从一家水果店成长为全球最大的水果连锁企业和生态链企业。到 2021 年年底，百果园已经开到了全国近 100 个城市，拥有近 5000 家社区门店，全渠道年销售额超过 100 亿元。

百果园创始人兼董事长余惠勇在多次分享中谈到信任经营，信任出奇迹。他将公司经营中的信任总结为以下三条：

（1）信任顾客。践行"三无退货"，任何顾客只要在百果园买了水果，觉得不好吃，可以"无实物、无小票、无理由"退换货。这个政策的推出跟公司战略卖"最好吃的水果"紧密相关，既然提出了，就要去做到。但是水果不同于工业品，每一个个体之间都会有差异，完全把控水果的口味不现实，那就要处理好"不好吃怎么办"这个问题。于是政策出台，所遵循的完全是百果园基因中的信任文化，完全信任顾客。也正是从提出"三无退货"这一年开始，百果园的销售额达到了 1 亿元，业绩开始逆转，之后一直正向发展，2018 年销售额突破了 100 亿元。

（2）信任加盟商。百果园在经历了短期的直营开店模式后，为了激发经营者的活力与主观能动性，走向了加盟发展，通过总部的供应链、品牌以及零售运营系统和体系赋能门店。于是门店的数量就快速地扩张，当然各种经营管理的复杂度也就陡增。比如配送问题，直营时，门店只负责卖货。总部配送时，卸完货就赶向下一家，早上 9：30 就能全部送完。可转为加盟模式后，门店老板们要花钱结算货物，所以货送到后必然需要验货，出现了品质问题还要当场解决，这样一辆车拖拖拉拉到下午都送不完货。为了打破常规增加配送车的做法，百果园提出了“信任可以降低成本”的理念，送货车可以卸了货就走，门店之后验货，一旦有任何问题，公司全部承担。就这样，配送问题解决了。

（3）信任员工。全世界范围内，做水果行业难度最大的在中国，主要是因为采购和市场。一方面，采购的廉洁问题是这个行业的一个普遍性难题；另一方面，区域差别、行情波动，都是不可控的因素。基于信任文化，百果园又是没有按照行业大公司惯例，让采购在一个岗位上最多干三年，然后淘汰，而是采用终身制。公司选择首先相信自己的采购没有问题，同时对采购员工任职之前进行考核，一旦采购员拿到这个岗位牌照，就代表其在道德上、品德上是被认可的。这样做，首先采购队伍长期稳定，专业能力显著提升，同时在百果园受到信任和尊重，业内也很认可百果园的口碑，大家都觉得这里的员工专业、要求高，没有人觉得会有问题，员工也就不会因为被怀疑而委屈。而且，形成了高忠诚度，因为采购员工清晰地看到，在百果园工作很稳定，同时在人格上受到信任和尊重。于是采购问题迎刃而解。

余惠勇进一步阐述道，在今天的营商环境中，顾客跟顾客之间，商家跟商家之间，商家跟顾客之间，彼此很难信任，导致好东西不好卖，同时好东西也不好买。结果原来生产好东西的被逼着慢慢转移一味追求便宜，因为顾客别的看不到，只看到价格，最终急功近利。这中间最根本的是两个东西的缺乏，一是缺乏先信任，必须你先信任我，我才信任你。二是缺乏无条件信任，都是有条件的，带有交易性。

然而，开启信任经营的百果园，在今天的营商环境下，究竟是怎样的情况呢？

从 2009 年执行“三无退货”，到后来线上门店的发展，“三无退货”又发展为线上瞬间退款，经过十多年的验证，百果园不但没有垮掉，销售额也一直在增长。退货率最早是约 1%，实行了“三无退货”后，现在的退货率只有 0.6%。

2019 年 5 月 18 日，百果园在北京召开了一场新闻发布会，叫作“一场迟到的发布会 —— 十年数据说可信中国人”。百果园用十年的大数据，上百亿元的交易额，几十亿人次参与的国民大事业，证明了中国人是值得信赖的。

相信人之善而善行，百果园的信任经营，让我们看到了人性的光辉，也看到了信任其实是最低的成本，也是最大和最强有力的链接，它让商业变得简单而又充满力量。

第四消费时代

日本作家三浦展，通过对日本 1912 年以来的消费研究，提出了“第四消费时代”的概念。

他认为第一个阶段解决的是温饱。第二个阶段强调的是物质的贵重性。第三个阶段是心理上的满足感。第四个阶段就是精神上的富足，内心的满足，人与人之间纽带关系的建立。

四个阶段的演变，昭示着经济发达之后人们的追求与消费观念的转变。中国虽然仍是一个发展中国家，但我们的人均 GDP 在 2021 年已经超过全球平均水平，正在坚实地迈向发达国家水平。

在 2012—2020 年的 8 年间，中国成功实现 9899 万农村贫困人口全部脱贫，彻底将贫困人口数量清零之后，加之持续蔓延的新冠肺炎疫情，中国的消费正从原来的金字塔结构慢慢演变成葫芦结构（图 16），这意味着一方面低收入人群收入水平的提高，也即是中国的底座提高了。由于对未来不确定的担心，中高收入人群的消费意愿在下降，于是整个中下层的消费成了市场主体。同时由于中产阶级的扩大，消费的需求正快速朝着日本四个消费阶段演变和分化。

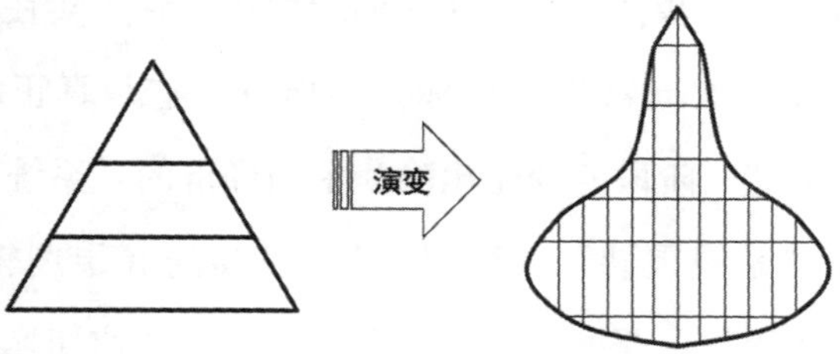

图 16　中国消费的需求演变

“大众社会解体，小众社会崛起”最能概括中国今天的消费结构演变。在图 16 中我们看到，中国整体的葫芦形消费结构，正被纵向“收入水平横切”，横向“消费时代竖切”，原有统一均衡的市场正被迅速分化为多个细分市场，每一个细分市场演变出全然个性的需求，而且由于中国总体的消费人口基数，每一个市场规模都可能超过国外一个国家的总量，仍是相当可观的数量。

所以，消费分级了。中国一方面要满足低收入人群的基本需求，另一方面要满足中高收入的升级需求。所以，温饱、物质、心理和精神需求，身心灵的综合满足，就成为中国商业天空的新阶段，也是解决“人民日益增长的美好生活需要和不平衡不充分的发展之间的矛盾”的新的历史使命。

商业 3.0：中国企业 43 年后新的穿越

近年，国家在国计民生方面出台很多政策，如落地教育“双减”政策，加强反垄断，提出第三次分配，加大力度鼓励技术创新等，这些都是为了让人们的生活得到实实在在的改善和提升，朝着共同富裕的目标扎实推进，这是真正的兼善天下。我们把这一阶段的变化比喻为中国经济的“系统重装”。

这场“系统重装”，将中国社会发展的底层逻辑从前 40 年的“效率优先、兼顾公平”的重商主义，快速切换到更加重视公平正义的现代新型社会关系构建上来。推动整个社会更加美好，不只是满足少数人所需，更要让人人受益。

这时，中国企业更应将公司经营的宗旨从“股东利益至上”，直接而快速地转换到“利益相关者至上”。企业的发展只有回归到让员工、客户、供应商和社会都更加美好的方向上，才能顺应时代，得到长足的发展。只有注重人民利益的商业，才能发现机遇空间，也只有兼善天下的商业才能走得更久远。

2021 年 8 月国家提出的第三次分配，这样描述：要坚持以人民为中心的发展思想，在高质量发展中促进共同富裕，正确处理效率和公平的关系，构建初次分配、再分配、三次分配协调配套的基础性制度安排。

自上而下统一方向，朝着共同富裕迈进，在这种使命共达的背景下，商业竞争的核心已变成社会价值的彰显与较量。即让真正的创造端不仅要通过技术创新做出更好的产品与服务，还要解决基于共同富裕的大目标下，如何通过这些创新的产品和服务让人们的生活和整个社会变得更加美好。

第三次分配也直接将中国的商业带入 3.0 时代，也就是跨越了机会驱动的 1.0 时代和创新驱动的 2.0 时代，直接来到了使命驱动的商业 3.0 时代。

“使命驱动”是商业 3.0 时代的核心要义，它为创新定义了全新的内涵，那就是原创式创新，以根本满足“大众社会解体、小众社会崛起、消费分级”时代背景下的多样性市场需求，同时致力于全社会共同富裕和让生活更加美好。还要为中国在世界崛起进程中，实现各种靠模仿无法解决、美国等西方国家也不会让我们模仿的关键技术领域的突破，甚至对世界的引领。

这种原创式创新，本质上就是解决从 0 到 1 的问题，需要非凡的勇气和愿力，它未必个个都是重大成果，或许只是细微的突破，但绝对需要全社会的努力和累积，涓涓细流才能汇聚成大海，才能让中国真正走向引领世界的大国地位。

在使命驱动下，商业 3.0 具备以下三大特征。

激发责任：因为对客户、对社会、对国家和对世界的共同使命，当企业也能以此重塑自我的愿景和使命时，它就合于整个时代，合于大势，自然也就合于员工。当全体人员都认为这是自己的事情和要从事的使命时，人的责任感就会被激发出来。海底捞让员工有尊严地生活，自然把海底捞经营好、成为顾客火锅首选的责任感也就集体被激发出来，于是各种以顾客为中心的服务模式就被全体员工创造了出来。

自动自发：因为个体责任感的激发，每个人都会释放出激情与主观能动性，自动自发地投入到创造性工作中去。德胜洋楼从不要求农民工上班打卡，员工报销也不审批，但每一个农民工都自动自发地朝向有教养的产业工人去努力、去成长、去工作。

共生创造：因为生命与共、命运共同，一帮有责任、自动自发的人聚在一个组织，就会为共同的使命和梦想去创造，以实现自我。我担任第一个 CEO 的民营企业，几千名初中文化水平的员工构建的组织，致力于打造最受人尊敬的企业，硬是用自我的付出和努力，拿到中国餐饮行业国家级科技奖——

“2010 年度中餐科技进步奖 —— 特等奖”。这就是共生创造的力量，也是 3.0 时代我们可以全新展望用心力激发脑力去全员创造的新篇章，也正是中国全面开启原创式创新新时代的必然要求。

激发责任、自动自发、共生创造，会让 3.0 时代的商业显著区别于过去由物质财富追求和竞争驱动。让商业和企业首先回归到社会责任驱动，以解决社会问题、推动社会美好为己任，从而建构全新的商业价值主张上来，与员工、合作伙伴、顾客、社区和国家共生共发展。所以产品至上、模式至上、竞争至上的商业会让位于使命至上、价值观至上，创新不再是目的，创新只是实现使命的手段和方法。

例如方太，将企业使命定位为“为了亿万家庭的幸福”，商业价值主张“25 年来对高品质厨电的专注与坚持，把创新作为企业发展的第一动力，把品质视为企业发展的根本保障，把导人向善作为企业最高的信仰，方太的创新始终包含着一份仁爱元素，而这份仁爱又为其创新注入了强大力量”，在共生发展方面“实现顾客之心、员工之心和企业家之心的有效贯通”。

心力成为商业的核心资源，以心为本、心力资本经营的时代拉开了帷幕。它需要经营者心性的觉醒，让自性的商业智慧从心的本体上去生发，让心力驱动资源向物质价值和精神价值双重转化的效率最大化，用商业推动社会向上向善，这同时是商业觉醒的新时代。

四、心力资本经营：商业新红利时代

心力资本经营

商业的基调一定是立足于解决客户、行业、社会和人类所面临的真实问题，特别是要通过商业和科技的力量，激发出更多民众的善心、善行，最终让人们的生活和社会变得更美好。

人始终是技术的尺度，技术是工具。当企业从善念出发，利他为先，就能激发出人们的创造力，把更先进的科技真正转化为普惠大众的产品和服务，共建美好，推动社会进步，此时，心的核心力量就产生了。

当具备有效的外部资源并通过内部无限的创造被最大释放时，就会产生“心力资本”经营的力量。而此时，企业、员工、消费者将结成一个生态共同体，实现无边界的基于“心力资本”的最大创造。这就是“创生无己”。

因为人类命运共同体的发展理念，因为引领共同富裕和繁荣的世界大同观，我们的崛起之梦从未像今天这样真实。创造为他，创生无己，就是心之道、心之力，也是真创造。

同时，新时代的消费者更加崇尚价值彰显，其需求已不再局限于产品和服务本身，他们更看中那些真正通过科技向善的力量让人类、社会、国家变得更加美好的产品和服务。

因此，也就有了鸿星尔克、蜂花这样的企业一夜之间被民众追捧，看似野性消费的背后其实就是消费者对价值企业的认可和拥护。而消费者对于华为的支持，也体现了他们对那些为社会美好、国家强大而不断深耕科技突破、努力寻求创新的价值企业的一种深切期待与支持。人们对特斯拉公司 CEO 马斯克的赞许和钦佩也是基于他胸怀人类、超越国界的真创造，比如他为人类移民火星的努力，他还公开特斯拉 300 项专利允许全球善意使用，致力于推动行业进步与发展。

财富创造的新密码

第一，只有两类企业会更好发展。

这是因为在商业 3.0 时代，全社会共同富裕是商业的主旨，劳动力成本将是中国企业始终面临的大挑战。尽管处于全球经济低迷的寒冬，我们依然有两大领域在逐年上涨，即最低工资标准和社保，以此来保障普通大众的基本需求。所以，劳动力成本上涨是一种必然趋势。

在此趋势下，将只有两类企业会发展得更好：要么具备极致性价比，要么通过高附加值、极致体验感打造差异化，而夹在中间的企业是最煎熬的。

第一类企业：具有极致性价比。

中国最高级别的投资银行中金公司 2021 年的研究结果表

明：中国家庭收入水平其实非常低，有2.2亿中国人月收入低于500元，月收入在1000元以下的约5.5亿人，月收入在5000元以下的有13.2824亿人，占总人口的94.87%。而对于大多数人来说，收入来源主要是工资，有额外收入的并不多，每月都等着发工资来维持基本生活。

要满足这样数量庞大且收入不高的消费群体，企业最好的出路就是做细分赛道的极致性价比。

高性价比是指某款产品在同等性能的同类产品中价格比较低，而在同等价格的同类商品中性能又比较高，总的来说是用比较少的钱买到性能较高的商品。性价比主要是价格和性能的比例，不能一味地看价格高低，或是性能的优劣，还要看性能和价格与客户的实际需求相结合的综合结果。

对消费者而言，高性价比是其不懈的追求，而能够达到极致性价比的产品或服务，也一定是消费者的必选。

"性价比"这个词自小米手机出现以来便伴随着小米手机，也正是这三个字成就了如今的小米手机，靠着性价比的互联网手机路线，小米公司成了国内最成功的企业之一。

但无论做产品还是做服务，企业最终目的就是获得利润。高性价比并不意味着赔本倒贴，否则那就不是做生意而是做慈善了。当然，高性价比也绝非靠偷工减料去实现，否则企业也不会活多久，必将加速死亡。

真正意义的极致性价比，是企业追求自动化、去人工化，从而走向信息化、智能化的转变，比拼的是谁的效率更高，谁就能赚钱，这也倒逼企业改革和创新。

在企业所处的细分赛道中，如何通过技术水平和服务体验感的提升，从各个环节做到降本、提质、增效，做到了则是极致性价比的企业，被消费者追捧；反之，就沦为中间层，无法突破增长的桎梏，只能日渐衰亡。

第二类企业：打造极致附加值。

对服务类企业来说，就要找到消费者愿意溢价购买的那些高附加值部分，打造极致体验感，并把它们变成更高的毛利。对工业类企业来说，就要通过技术进步构建技术壁垒，提高毛利收入。

而这种创新最根本的目的是要解决企业如何创造出高人均产值的问题。也可以说，实现高人均产值是企业经营的第一指标。

有数据显示：华为的人均产值为 430 万元，视源科技上市时的人均产值是 480 万元。这些优秀的企业就是通过实现高人均产值，来保证企业有足够的钱投入更前沿的技术研发，才能招聘到更有能力的人，让更多的资源被用于真创造和多种创新，进而形成企业真正的核心竞争力。而这背后，其实比拼的是企业如何通过打造极致体验感和技术进步来创造高效益。

夹在中间的企业，短期内还能存活。这是因为在劳动力人口红利的衰减过程中，还有一大批因个人知识结构和技能无法跟上时代发展进步的中老年人群，依然活跃在很多行业里。比如定位中档以中间收入者为主要客群的餐饮企业，由于招不到年轻的服务人员，转而聘用中年人服务的比比皆是。但随着时间的推移，这部分人的社会供给会越来越少，最终也会导致夹在中间的企业过得越来越艰难。

极致性价比和高附加值，两者都是创造了好产品，让顾客受益。只是前者构建了成本优势，通过性价比获得高扩张性和低利润率，但利润额高；后者构建了人工优势，把服务或技术变成了高毛利，尽管复制性不是很强，但利润率可观。从业者和企业主在这两种活法的企业中都获得了不错的回报，形成了正向可持续的循环，所以这两类企业都会活得很好，发展得很好。

第二，第三次分配的全面实施，将让商业进入低利润时代。

第三次分配倡导企业和企业家承担社会责任，带动社会共同富裕。深刻理解，绝不是用原有经营方式先赚取利润，然后通过公益和慈善的方式再捐献出去。它应该是企业本身将社会责任、促进共同富裕带进日常经营模式中，直接将利润投入到生产更好的产品和服务中，或通过提高质量，或通过降价，直接让消费者获得更高性价比的产品和服务，而避免非必要的另外弥补性投入，同时消费者也会越来越信赖和支持这样的企业。

所以，这是一个商业本身的革命和进步，它直接用良币来驱逐劣币，通过商品和商业本身来促进社会美好和生活美好的重构。

从这种意义上讲，第三次分配将直接从供给端解决新时代的矛盾，整个商业社会将进入低利润时代，因为践行商业 3.0 和第三次分配的企业家和企业们，直接通过更好的产品和服务实现了对消费者，当然也包括从业者待遇和发展的改善，直接将原来较高的利润在第二次分配中完成再分配。

这会是一种新的商业共识，也将是商业的新常态，企业的形态也会很快过渡到“社会企业”，即通过商业的手段直接解决社会的问题，真正承担起商业的责任：兼善天下 —— 让天下的人得到好处。

而且随着消费者快于企业的觉醒，会通过发达的各种自媒体平台传递他们对商业美好的期待并形成舆情，也更会用他们心中对美好商业的价值判定和主张，反过来约束企业对不当利润的追求，会直接促进公平合理利润时代的到来。

第三，践行第三次分配、向上向善的企业会优先进入资本市场。

股票发行注册制的落实，北京证券交易所的快速打通，在 2021 年我们看到一个更加立体多样的中国证券市场开始形成。不但让国内很多初创企业、科技企业，特别是“专精特新”中小企业能够获得资本市场的资源配置倾斜，还为优质外企在国内上市不断打开通道。

这意味着企业上市将不再是一个高门槛的奢望，会有越来越多的优质潜力及高成长性的企业通过资本市场拿到企业发展的资金，同时通过公众化运营来提升经营能力与公司更加规范健康的发展。

同时随着上市的普及，上市公司也会逐步分化，只有那些持续通过好产品和好经营来回馈社会和投资者的企业，才有可能获得资本市场的更高回报。

随着中国证券市场的不断规范和日趋健全，最终带来的改变是，国家鼓励和帮助那些真正用技术手段解决行业问题、社会问题、国家问题乃至人类问题的企业，能够专注在某些领域里去做持续性的突破与改变，也许有些突破暂时来看是微小的，但聚沙成塔后必然带来重大的创新与变革。

商业 2.0 时代的创新，还停留在对多种资源的重新拼凑排列组合上，即便进入资本市场的很多企业，其本质目的也是利用资本的属性来攫取高额利润。当跨进商业 3.0 时代，自上而下都在呼唤真正的创新，国家通过政策、制度、规范来不断调控和倾斜资源，普通民众通过自媒体传播、争相购买产品等方式来支持。这就不难理解，为什么国潮如“李宁”会一夜之间受到民众追捧，来自四面八方的“宠爱”瞬间拯救了一个个深陷经营困境的企业。

再回看那些专精特新企业，它们的规模可能并不大，但企业已在某些领域取得了重大突破，并且还在长期坚持创新与进步，这些中小企业主其实就是在用技术积累去构建行业、社会、国家的真正强大。而资本市场的进一步开放，同样也是在践行第三次分配，用好产品、好服务让更多人受益的向善企业最终都能从资本市场获得高额回报。

好人赚钱的时代

第三次分配的贯彻实施，将加速商业向低利润时代迈进，那么，那些致力于通过企业经营将原本丰厚的利润回馈到更好的产品和服务中，致力于做社会企业和社会企业家的人，不就吃大亏了吗？

恰好就是中国立体式资本市场的完善，为这些企业和企业家找到了回报的闭环。

那些真正通过第三次分配践行“兼善天下”商业的好人，必然会通过资本市场得到回报，让好人赚钱的时代真的到来了。这才是广大消费者、商业受益者、投资者最想看到的公平和正义，我坚信他们也会用行动、用消费、用股票购买来拥护这些“好人”。

马斯克通过到中国建厂，大规模提高产能，但同时又大规模降低产品的售价，一下让特斯拉遍布大街小巷。他的降价非但没有降低其企业和本人的价值，反而通过资本市场让其成为世界首富，还获得众人称颂。这就是最好的例证。

“新员工主义”将重构企业经营者的思维

放眼望去，今天许多企业的基层员工都进入“95 后”“00

后”为主力军的一代。这是一个什么样的代际人群？Z 时代！

他们是拥有父辈奋斗者和中国 43 年改革开放红利建立的良好物质条件的一代，他们是伴随互联网长大的一代，他们是有较好视野和知识结构的一代，他们更是主义极真、也极容易用自己主张评判或决定认可或行动与否的一代。他们的个性也极强地表现出了愿意寻求自己认同的意义和价值的一面。

对于这一代，企业的管理者必须用新员工主义来重新看待。

首先，除了激发，毋用改变。没有人能被改变，除非他自我改变。

但同时，正如德鲁克所讲，人天生具有为他人做贡献的善意和潜力。我们要做的就是，通过我们从事的事业的意义和使命，将他们激发出来。而这一代最具备这样的潜质和条件。

其次，一定要坚信，只有满意的员工才有满意的客户，因为是员工的激情和投入最终感染和留住客户的。

最后，成就他人是成就自己的唯一途径，这是商业 3.0 时代最为重要的经营管理哲学。

一图看懂中国商业历史的天空

商业 1.0、2.0、3.0 时代，联系起来就构成了中国商业历史天空的完整图景，如图 17 所示。

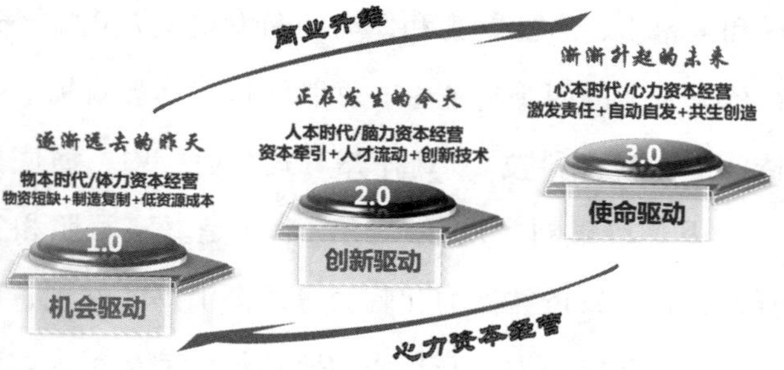

图17　中国商业历史天空的完整图景

商业1.0时代：定义为机会驱动，核心特征是物资短缺、制造复制和低资源成本，本质是交易驱动、剩余最大化和产品为王，核心资源是以物为本、体力资本，所以是一个体力资本经营的红利时代，是山脚下的低维思维，也是逐渐远去的昨天。

商业2.0时代：定义为创新驱动，核心特征是资本牵引、人才流动和创新技术，本质是用户驱动、精准定位和差异化竞争，核心资源是以人为本、脑力资本，所以是一个脑力资本经营的红利时代，是半山腰的中维思维，也是正在发生的今天。

商业3.0时代：定义为使命驱动，核心特征是责任、自发和共创，本质是社会责任驱动、商业价值主张、共生商业，核心资源是以心为本、心力资本，所以是一个心力资本经营的新红利时代，是山顶的高维思维，也是渐渐升起的明天。

从1.0，到2.0，再到3.0，是商业升维的过程，代表着维度、视野和格局的提升。所以反过来，心力可以统摄脑力，脑力可以统摄体力，心力也可以统摄体力。但体力无法统摄脑力，脑力无法统摄心力，自然体力也无法统摄心力。因为心力的永续和无枯竭，自然脑力和体力的激发也就无止境。这在方太践行伟大企业的四个特征中，德胜洋楼养活教育树立的“中国精造”中、视源科技“‘乌托邦’式企业”中、海底捞双手改变命运中、百果园“信任”经营中均是真实写照和完美呈现。所以，当人口依靠体力和脑力等逐渐消逝的红利，而一筹莫展的时候，激发心力，开启心力资本经营就成了人类商业永续的红利和不竭的资源。

所以，从 1.0 跨越 2.0 走向 3.0，是一场中国商业的集体穿越，也是中国企业的个体穿越，如同生命的个体，要从上半场穿越到中国商业和企业的下半场。

方太、德胜洋楼、视源科技、海底捞、百果园无疑是走向商业 3.0 的典范，它们这样的榜样真切地告诉我们，只要内心相信并付诸行动，我们是可以完成这场穿越，看到更加精彩的未来的。

五、达致商业 3.0：企业和企业家的双“U”穿越

达致 3.0 的企业双“U”穿越

要完成这场穿越，我们必须把企业当成一个鲜活的生命体来看待，这个生命体有它的双重性，即企业家和企业。为了让

中国企业完成从 1.0 到 3.0 的穿越，我们用一个“双‘U’穿越”的模型来阐述，如图 18 所示。

第一个穿越是图 18 中左边的由左到右的“U”形，代表一个企业家的穿越。第二个穿越是右边的由右到左的“U”形，代表企业的穿越。它们均遵循各自的十字诀：发现、唤醒、激发、重塑和引领，但内涵有所不同。

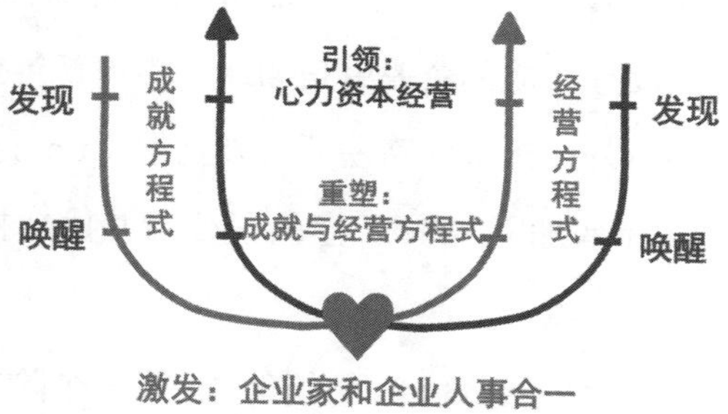

图 18 “双‘U’穿越”模型

二者在“U”形底部结合而“激发”时，不仅是各自使命和愿力的结合，更是企业家和企业的人事合一，只有企业家的个人事业与追求和企业的使命愿景合二为一时，企业家和企业家所领导的企业才能形成内心声音与外在行为的高度统一，也才能产生巨大的引领和前行力量。

然后两个“U”形开始向上前行，并开始合二为一的人和事的重塑：人的方面重塑人生成就的方程式、企业方面重塑企业经营的方程式。二者穿越的共同完成，就进入引领心力资本经营的新境地，至此，企业也就来到了商业 3.0 的康庄大道，企业从此走向新时代。

这个“双‘U’穿越”模型，就是企业奔向商业3.0的路径，也是方法。

企业家之于企业

企业是由企业家开创的，也是由企业家来引领实现跨越的。任何一个企业的成败兴衰，都离不开企业家的核心作用，对初创企业如此，对成熟企业更是如此，哪怕百年企业也同样遵循这个规律。外行出身的路易斯·郭士纳（Louis Gerstner）在20世纪90年代加入IBM，拯救了公司并成功推动转型的故事就验证了这一点。

企业的成长历程通常包含五个阶段，每一个阶段都需要企业家的不同价值。

第一个阶段，即创立期，企业因创意而创立。这个时期创业者通过对机遇的把握，产生商业创意，并有胆识地介入和投入，将创意转化成商业成果，从而让企业创立成功，这个阶段除了机遇本身和必要的运气，基本归结在创始人自身的因素上。

第二个阶段，即成活期，企业因领导而成长。经历了初次创意的商业成功，除了少数企业可以因为初次创意而持续和大规模地成功，绝大多数企业面临的是这个创意持续短暂，或者因为丰厚的利益回报，更多的企业或更大的企业涌入这个创意区，原有的创意不灵了，于是需要第二个、第三个持续的创意，来让初创的企业可以存活或壮大。但这时的企业尚不足以形成组织能力和人才优势，所以连续创意的责任自然仍在创始人身上。多个创意的成功，验证了创始人的企业家特质，也奠定了创始人在组织中的领导地位，所以企业走过第二个阶段，因领导而成长，这个领导可能是创始人个人，也可能是创始人集体，但总是极少数的人。中国初创企业平均寿命只有 2.9 年，就是没有来到这个阶段或成功走出这个阶段。

第三个阶段，即发展期，企业因团队而成长。企业不断壮大，规模与复杂度不断增加，单凭创始人个体或少数群体就不可能完成有规模的组织行为，于是授权分工、组织协作的团队规模模式就开始了。是一个大脑从上到下指挥还是每个大脑都被激发出来，这就是企业家在新时期面临的主要任务，也是企业能否走向发展的根本。今天的中国企业，绝大多数处在这个阶段，跨过去就是下一阶段，跨不过去就会被淘汰。这个阶段，组织的文化基因会被检验，一个真正能成为企业家的创始人也会完成自我重塑，并给企业文化赋予新的内涵和活力。

第四个阶段，即成熟期，企业因组织而成长。授权与分工协作，会释放组织的活力，以更好地满足外部市场，于是组织规模和体量更加发展壮大，市场地位显著增强，业务组合也更加规模复杂。加之不断的组织规范和制度建设，这时企业看上去风平浪静，秩序井然。

最可怕的是这时企业家们安享其中。在模拟手机如日中天时，诺基亚也看到手机的发展趋势，但为了保住当下世界第一的手机制造商的地位，没有勇气、没有胆识向数字手机转型。发明胶片的柯达公司同样看到了数字照相机技术的应用，也没能往前突破，最终均被淘汰。这时企业家的责任就是要保持企业的危机意识。

这时企业家最为重要的责任是组织创新，以更好激发组织对外部变化的敏感洞察活力、对外部机遇如饥似渴的把握活力、对客户需求的快速响应活力、对内部效率不断改善的活力、对全体员工主观能动性释放的活力，还有就是抵御同化、持续吐故纳新的活力。

这时勇敢的企业家选择的是蜕变升华，从而为企业文化注入新的活力，自己也可能从前台走到后台，成为真正的领导者，承担起“设定方向、激励人心、使众人行”的领导职责，培养出下一代领导人和领导集体，完成新老更替。

第五个阶段，即新生期，企业因文化而成长。外部环境总在改变，经营总会遇到新来者的更大挑战，没有一个企业可以持续辉煌，低谷总会在不情愿中到来。所以说没有经历过经济周期的低谷，并能反复从低谷中走出来的企业，不足以成活百年，也不足以成为百年企业。

面临市场环境的改变、颠覆性的技术革新、经济周期的改变、经济低谷的到来、企业衰退的时刻，唯有强大的文化，在这时才会发挥根本的力挽狂澜的作用。

这时，企业家的职责就是唤醒和激发整个组织和个体的文化底色，并进行重塑和凝聚，让它大放异彩。当年郭士纳加入拯救 IBM 时，就首先重温 IBM 创始人沃森和小沃森时代积攒的文化基因，激发 32 万人大讨论，重新明确了“创新为要、成就客户、诚信负责”的企业文化，并获得公司上下的全体共识和行动，从而获得新生。

企业家的不可复制性

经过对 1200 位企业家样本研究，经过不断迭代和实证验证，我们得出这样一个“企业家画像”来解析、识别和激发具有企业家特质的“特种人才”，以最大限度释放这一最具创造性、最能无中生有，也最能推动社会进步的少数群体的才能与智慧。

一名有潜质或者已成功实践的企业家，首先有个“能力图谱”，它包含七个标签，如图 19 所示。

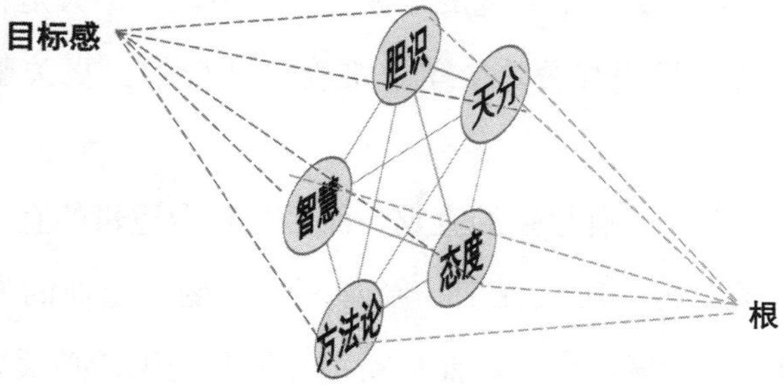

图 19　企业家能力图谱

标签一：胆识。胆识是人在面对机会、选择与风险时表现出来的气魄。具体表现为：

（1）好奇心。这是一个创造者认识外部世界，发现潜在机遇的特质开端。

（2）冒险。创造就是无中生有，创业如此，企业发展中的迭代和升级更是如此。创造总是从未经历过的机遇开始，这些机遇也同时隐含着巨大的风险和挑战。能带领企业冲上去的一定是有胆识的人。成功的企业家会不断闯关、走钢丝、过独木桥 …… 走过去未必能活下去，但走不过去一定没有未来。

（3）大胆决断。如果冒险面对的是新机会，那么做出决断则需要当断则断的气魄与一往无前的信心。

（4）出其不意。绝不走常人走的路，总是寻求出奇制胜，就是我们常说的差异化。

（5）不计代价。破釜沉舟，为了认准的机会，要有不惜一切代价的决心和气势。

标签二：天分。企业家有天分，毋庸置疑。但天分绝不仅是遗传因素，更关乎家庭的爱和成长环境。一个人是否有天分，绝不是从聪明与否这个单一维度来评价的，更关乎以下特质。

（1）灵气。具有超强的直觉，而且是符合逻辑的直觉。

（2）学习力。时代在变，经营环境在变，企业的发展阶段、规模与复杂度都在变，要想紧跟并把握变化，必须具备持久的学习力。

（3）环境适应性。不抱怨外在环境的好与坏，而是努力去适应、调整，灵活应对。

标签三：态度。这就是稻盛和夫成功方程式中的“态度”，也是谈及情商时所说的“内驱力”。具体特质如下。

（1）责任。这是成为企业家的重要特质之一，哪怕到最危难的时刻，也能将责任扛在肩，绝不逃避，这样的人才能当领头人，才能充满底气领导他人，指挥他人。

（2）激情（自信）。对事业、他人、困难与挫折，始终保持激情，激励自己，也感染他人。一路前行，展现超自信的姿态与行为。

（3）斗魂。稻盛和夫说：低谷反弹、失败中崛起的能力。在风险投资行业，大家最爱投的也是那些多次创业，无论失败与否都努力重新出发的创业者。

（4）意志力（坚韧）。创立任何一项伟大的事业都不是一帆风顺的，也不是每天都要激情燃烧，选择坚守，忍受寂寞也是必须具备的特质。

（5）结果驱动。态度的付出一定是以结果为准绳来检验和调整的。

标签四：方法论。指与外部世界、人和事共处的方法。具体特质如下。

（1）独到性。指具有独特的自我特性，与众不同。每个企业家都有其独到的待人做事的方法体系，只是更多在隐性运转，支撑着企业家的行为。正因为隐性，所以常常无法有效表达，也常常无法被有效扩展。

（2）有效性。追求方法有效是企业家的天然特质。

（3）有能力。一个有清晰方法论的人，常常表现得能力超强。无论多么复杂的问题，有能力的人都能快速理清头绪，找到问题的关键点，给出解决方案。

标签五：智慧。智慧是能力系统的终极决胜力。一个称得上有智慧的人，通常具有的特质如下。

（1）利他思维。思考的原点与决策的依据都是站在他人的角度，看是否有利于他人、社会以及所处的环境。

（2）通透（触及本质）。正因为站在他人的角度，不是从自我出发，所以就不会被自我所蒙蔽，看问题自然就客观，能够触及本质。

（3）通人性。因为利他，就可以走进他人的内心，对人性的理解自然而来。

（4）感染力和影响力。因为利他，财散人聚，就有更多的人追随，为着崇高的目标，结伴前行。

标签六：目标感。企业家都是目标感极强的人，其特质具体表现如下。

（1）目标驱动。有极强的目标感，树立目标并被目标驱使。在今天，放眼看去，有一定成就的企业家，都有极强的使命感和愿景感。

（2）不断超越目标。不安于现状，总是超出现有能力去畅想和设定更高的目标，激励自己，也引领他人。

标签七：根。上述六个标签是我们可以感受到的企业家的几种外在特质，如同枝繁叶茂大树的干、枝、叶和果。生发这些“果”和“智慧”的“根”是什么呢？这就是我们要说的“能力图谱”的最后一个标签，即根，那个本自具足的无关乎能力的“内核”。它是种子，是因，是长成参天大树的深植于大地的根。这个内核是“孝”，是“善”，是“爱”，是“义”，不一而足。需要找到这个生发无限智慧的“根”，努力往下扎，成功才有持续的可能，真正的企业家也才可能“炼”成。

只是这个“根”最不容易被个体察觉，它的解析需要一些专业功夫，甚或自我觉察的静观功夫。这个“根”更是与家族相连，也是心理学“原生态家庭分析方法”可以帮助我们探究到的。同时，解决个体的很多深层次困扰问题，都可以从这里入手，事半功倍，而且可以达到彻底修复的功效。

企业家的“U”形穿越

企业家的穿越同样遵循“人生下半场穿越”的“十字诀”，只是作为具有特殊使命的群体，这个“十字诀”所包含的内涵又要有升华。

“发现”环节：发现的是企业家的独特密码。就是要把像上述企业家画像之于能力图谱中的个体独特性显现出来，不仅让成功特质看得见，也让企业家再次出发时，知道该发挥什么优势、规避什么劣势，从而走出可复制的新路线来。

（为了帮助企业家更好地发现自我，除了人生画轴的工具和方法，笔者也组织开发了“企业家指数”在线测评，以便企业家进行自我或团队组织评估，并能实时得到深度量化报告。这项功能部署在“都测企业 CT”小程序中。）

“唤醒”环节：唤醒企业家的自性智慧。也即底层的基于众生和大爱的利他智慧。

“激发”环节：激发企业家的事业愿力。也就是因解决顾客问题、行业问题、社会问题、国家问题，乃至人类问题而生发的事业愿力，以不负企业家作为特定能量人群的贡献愿力。

“重塑”环节：重塑企业家成就方程式。企业家的成就应该用这样的等级上升来衡量：为自我和家庭赚钱，是属于第一等级的商人阶段。走向第二等级，为企业员工和员工家庭幸福负责，成为真正的企业主，也就成为一个合格的企业家。进而上升到第三等级，为行业进步负责，推动行业进步。再向上到第四等级，为国家繁荣、社会美好而奋斗。直至来到最高等级，胸怀人类美好和大同理想，为人类进步而追求大成就。马斯克就是这样的企业家，他认为人类的激增将让地球不堪重负，火星是目前科学探知可能适合人类居住的另一个星球，所以他发愿通过可回收的重载火箭，将人移民到火星上去，并在那里构建永久居住地。谷歌的董事长曾说，退休后将把财富捐献给马斯克，因为马斯克是可能改变人类命运的那个人。

“引领”环节：带领企业生态集体穿越。不独善其身，共生发展，让上下游、利益相关者生态都走上成就方程式重塑的新视野和新格局，推动共同美好发展，和合与共。

商业 3.0 时代重新定义的企业家

企业家的“U”形穿越，在强化外在“能力图谱”的同时，更在于扩大企业家的“内核构造”。这个“内核构造”，是一名企业家区别于常人的独特心性构造，也是能否突破当下走向高远的根本所在。

企业家的“内核构造”如图 20 所示，包含另外五个标签。

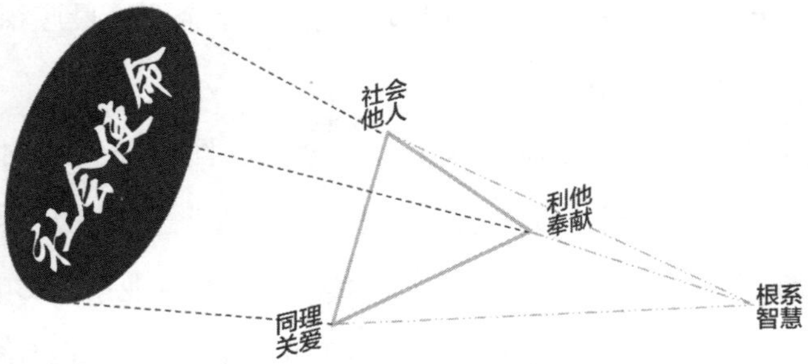

图 20　企业家的“内核构造”

标签一：社会他人。社会他人在这里指一个人对其从事的事业所承载的主体的范围，也即其心中装载了多少他人，为多少他人谋福利。一个人心中装载的众生不同，也就决定了他的“企业家程度”的不同：商人、企业主、企业家、民族企业家、人类企业家，不同程度也可以看作企业家成长的阶梯。企业家的格局大小，分水岭就在其心中的众生是谁，有多少。格局的修炼，也是随着企业家心中的众生的改变而进行的。也可以说，格局变大不是修炼来的，而是因为更多众生的承载而被撑大的。

标签二：同理关爱。以深切的同理心，对众生的困难、需求和心声升起悲天悯人的爱和利他之心，能量就会流动，让前行的力量倍增。

标签三：利他奉献。是一个人不断付出，帮助他人所积的福祉。一个人积累的福报越大，所能从事的事业也就越大，回报也会越大，自然他能帮助他人的能量也就越大。福报不仅是施与和馈赠，一个符合社会伦理、法律伦理和道德伦理的商业组织，更是一个更为广义的福报，也是一个企业家最应积累和一代代传承和护佑的。

标签四：社会使命。基于社会他人、同理关爱和利他奉献，一名企业家所生发的愿力，体现出其人生意义和其所从事事业的社会意义。愿力的大小也直接决定一个企业家的影响力、感召力和调动社会资源的能力。这个愿力已不是“能力图谱”中“目标感”的标签，它更是目标的升级版，甚或是终极版。

标签五：根系智慧。这与“能力图谱”中的标签“根”是一回事，它是企业家“能力图谱”与“内核构造”共同的根系，也是一个企业家自性智慧和能量永续的源泉。

“能力图谱”+“内核构造”，重构起商业 3.0 时代、重新定义的企业家和企业家画像。

“发现”企业的核心优势

企业走向商业 3.0 的“U”形穿越，也有其“十字诀”，即——发现：发现企业组织的核心优势；唤醒：唤醒企业组织的社会贡献；激发：激发企业组织的愿景使命；重塑：重塑企业组织的经营方程式；引领：引领商业生态进化与向上向善。

企业“U”形穿越第一步：发现。就是发现企业成长历程中所积淀的核心优势，也称为核心竞争力。

这个核心竞争力应该是企业充分具备、市场上的客户又想得到的，两者都要具备。也就是说企业充分具备的这个能力要能转化为市场优势和胜势，否则就不能称之为企业的核心能力。

从管理角度讲，企业核心能力遵循三个方向的构建。一是客户亲密，也即是在客户关系构建上独树一帜，如同海底捞。二是产品至上，通过不断引领的创新，让产品具有领先优势，如同依靠 iPod、iPhone、iPad 屡次创造辉煌的苹果。三是运营卓越，通过组织效率让产品具备成本优势。如同联想集团具有卓越的业务运营能力，能把干毛巾都拧出水，把发明 PC 的 IBM 都做不到盈利的 PC 业务收购过来，做到盈利，从而奠定了行业领先的地位。任何一家想成为行业领先的优势企业，都必须在上述三个核心能力方向上构建一个绝对领先的水平，同时在另两个维度上也不能低于行业平均水平，达到平均水平之上。

当然优势并不仅仅是这三个层面，可能每一个企业在上述三个方向之下或之外，还有更多细分，甚至更加突出的独特特质。往往初创企业和中小企业的优势就是创始人个体的优势，如创始人技术背景出身造就公司的技术基因、营销背景造就营销基因、擅长关系造就资源整合、善于捕捉机会造就商业洞察，总之不一而足，我们就是要把它找出来。只有找出来，我们才知道企业是因为什么成功的，也才能评估这些能力能否把企业引向未来。如果不能，企业就需要明晰去改变什么。

最好的发现，仍可以采用前述章节的“人生画轴”工具，描绘企业的画轴，通过历史时刻的得与失，找到优势和劣势，对成功、失败以及整个企业当下的历程总结归因，并发现走向未来的穿越力 —— 也就是让企业走向未来的那些核心优势和能力。

“唤醒”企业组织的社会贡献

企业“U”形穿越第二步：唤醒。在同质化产品时代，善舞长袖的企业家突然发现眼前全是红海，哀鸿遍野。而事实呢？

事实上，在今天各个行业，都至少隐含着以下五种商业新机遇：

第一种新机遇，重构符合新时代需求的好产品，除了功能，还要赋予产品情感和精神的三重内涵和价值。如李宁，升级 LOGO 和运动服装的时尚设计，同时赋予中国红和中国文化的元素，一夜红遍世界。代表着与年轻人时代同步的情感，更代表对国家和国货发自内心的支持。

第二种新机遇，用“科技 +”和“互联网 +”升级产品形态。智能马桶、智能冰箱、智能装备、智能门锁、智能餐厅，故宫上新、数字敦煌、互联网家装、互联网医疗、互联网企业体检等，所有的行业和产品，在科技化和互联网化的时代，都可以重来一遍，只不过这个重来，要在用户思维的前述四大逻辑之上，用科技思维和创新思维重新来过。

第三种新机遇，为中国崛起、真正走向世界引领的路上添砖加瓦，解决真实的原创新，而不是简单地再模仿。这个创新可以在行业的各个细分领域、细微环节，只为填补空白、推动进步。这就是专精特新、中国精造、工匠精神，所有的中小企业、大企业的小板块，都可以投入这场为国家、为民族振兴的轰轰烈烈的时代大潮中。

第四种新机遇，解决行业痼疾。任何一个行业发展到今天，都有一些至今尚未解决的问题，其中有些问题成了行业的通病、痼疾，甚至潜规则。一个行业升级，往往最大的机遇就在于：顾客朝思暮想地想得到，而行业从业者却都在回避的地方。比如电器“三包”结束后的维修高收费问题、产品不耐用问题、打着升级旗号不断逼迫客户购买新产品问题、低成本劣质问题、模糊质量标准问题，不一而足，各行各业，比比皆是。

第五种新机遇，解决社会问题。食品安全、环境污染、清洁能源、能源再生、养老、教育、医疗、城市交通、气候变暖、弱势群体，太多太多，都是我们经常遇到，也常常看到身边人遇到的问题。我们都想当然地认为这是国家和政府应该操心的问题，但这些问题归根结底还是要通过商业和社会化来解决，这其中就蕴含着巨大的机遇。

而这些机遇的“看见”，第一种机遇需要对人性的关切和洞察，第二种机遇需要对知识工作者的尊重和无条件的支持，第三种机遇需要对伟大祖国的情怀以及这个时代的深刻认同，第四种机遇需要真心对客户、敢于推动行业进步的责任和勇气，第五种机遇需要人类同族、共同富裕与进步的胸怀和格局。

这每一种机遇的解决都不是简单的重复以往，解决难度大、付出成本高、回报率低，也可能周期比较长，而且往往靠自我很难完成，它需要更多的力量介入来共同推动。尽管就在眼前，但仍被忽视、被搁浅、被放下，于是众多的企业仍在红海挣扎，在红海竞争中痛苦。

微软第三任CEO萨提亚·纳德拉在《刷新》一书中提到，我们要有人类同族的深切的同理心。一旦企业家的同理心、一个组织的同理心升起、一个组织里每个个体的同理心升起，就会产生一股强大的力量。它会让组织瞬间从客户的角度、行业的角度、社会的角度，甚至国家的角度，去重新看问题，去用心看问题。于是问题不再是问题，而会翻转为机遇，即为他人、为行业、为社会、为国家做贡献的机会，这时组织与个体的共识、潜能就被真正唤醒，自然商业新机遇也就触手可及。

“激发”企业组织的愿景使命

当企业家的“U”形穿越和企业组织的“U”形穿越都来到底部，交相汇集，企业家和企业再次有机融合为一体。这次融合不再是企业家个人的一厢情愿，而是全组织个体的共同心声，明确大家在一起是一个什么样的团体，这个团体存在的目的又是什么。这个目的，将不再仅是个人的，而是对客户、对伙伴、对行业、对社会、对国家的价值贡献，也正是这个贡献，让企业的存在更加合理、更加有意义，也更加受人尊敬，让企业和企业家都绽放出更加灿烂的光辉。

这一切的呈现就是企业组织新的愿景使命，是心相连、是命运与共，是自我的实现，更是集体智慧的价值实现。

企业家与企业、员工与企业、企业家与员工，在这里与自我、与他人、与社会形成一个三心合一的生命组织：合自心，与自我的心声相合；合他心，企业家和员工、员工和客户，彼此关切，利他为本；合社会的心，成为推动社会美好和社会进步的一分子，与时代同频共振，共命运，同呼吸。

三心合一，人与事合一，个体与组织均焕发出身心俱在的力量，充满激情，充满自信，更充满斗志。

六、重塑经营方程式，向善经营

“重塑”经营方程式

经营客户、经营产品，商业 3.0 时代更要经营组织、经营人心、经营生态。因此，新时代企业面对和解决更为复杂的深层次问题，不能单凭企业家个体，也不能单凭企业组织，需要多方协作，所以企业的经营也需要重塑，重塑为商业 3.0 时代的经营方程式：

组织绩效 = 组织力 × 战略力 × 生态力

组织力：3.0 时代企业经营的要义。只有充分通过全体员工的凝聚、激发与赋能、创造力释放，重构出能激发他们心中的愿力、做贡献的潜能和创造的力量，这个组织才是符合新时代的。所以组织力的重塑将是第一位的，灵动组织、合弄组织、自管理组织，都是组织演变的新形态，也是企业重塑的方向和选择。OKR 式自我挑战、自我激励的激励形式、飞书式的管理模式，都将成为创新的组织运作方式。

战略力：大组织变小，将释放出巨大的创造力和活力，如何将一群有活力的人链接在一起，做出非凡贡献的事业来，它又需要战略的指引，使命、愿景、价值观、方向选择、模式协同、资源协同，企业组织将更需要战略的顶层架构、有效执行、纠偏迭代。这是组织的纲，纲举才能目张。

生态力：将组织的边界打开，将利益相关者的利益纳入整体，利益与共、命运与共，会发现原来的资源短缺变成了共有的富足，原有的势单力薄变成了协作的强大，原来深陷的泥潭变成了广阔的天地。

2020 年突如其来的新冠肺炎疫情，让大量餐饮企业几乎停摆，大量的员工闲置。然而超市火爆，人员严重不足。于是超市向餐饮企业借员工，就是生态力的明显例证。既解决了超市供给居民基本生活问题，又解决了餐饮企业员工的闲置与基本支出问题，员工也拿到了双份工资：餐饮企业基本生活保障 + 超市工作补贴。四全其美 —— 顾客、超市、餐饮企业、员工，岂不美妙！

企业打造生态力可以用“七字方针”：

社：视问题为机遇，首先瞄准一个企业所要解决的社会问题、国家问题、行业问题或用户问题方向，让初心符合时代、符合大义名分，创造社会的更加美好。

产：站在产业高度，来构想如何产业化解决这个问题，以产业领导者思维来突破产业的薄弱环节，带动整个产业进步和产业规模。如果企业能量较小，可以考虑融入这个产业的生态中，但一定要成为产业生态建设的价值贡献者。

政：把政府当客户，与政府发展地方支柱产业、富庶一方百姓的诉求相一致，构建新型政商关系，用政府的力量推动产业政策、相关资源朝向产业做大做强的良好协同。

融：借助产业资本推动，产融结合发展。

学：产学研协同，借助社会力量开展协同研发、协同创新，解决重大技术攻关和企业创新资源不足的现实。

智：与智库、咨询机构、咨询顾问协作，借助外脑和外延引智，建构多维企业人才结构。人才不一定为我所有，但一定可以为我所用。

圈：用生态力思维，构建生态圈或者融入生态圈，在为各方创造价值的同时，也找到自己的生态卡位。借助生态的整体竞争力和协同力，实现自我的跨越式成长。

“引领”商业生态进化与向上向善

人有先知先觉、后知后觉、不知不觉，企业亦然。率先觉醒、穿越到 3.0 时代的企业，完成了新生。新生的力量需要持续坚守，更需要用自我的行动引领商业生态的进化。用使命引领自我组织，用全新的产品和价值主张引领客户和市场，更要引领供应链和协作体系，让心力资本经营的理念、行动在产业链上生根发芽、茁壮成长，并最终蔚然成风，呈星火燎原之势。

这是一个觉醒的年代，觉醒的氛围已然开启，后知后觉者总会醒来，不知不觉者终将难以生存。消费者的觉醒明显快于商业者的觉醒，借助于互联网和自媒体，觉醒的消费者会加快商业生态的进化。我们所希冀的商业觉醒的局面，会更快到来。

【肆】

是心力，让穿越得以成功

笔者个人的九年穿越、人生下半场的穿越、中国企业的穿越，都不再是体力的勤奋、脑力的聪明所能完成的，都需要经由心力的力量和智慧才可能得以完成。

那么，心究竟是什么？心又是如何成为力量而影响外部世界，从而让人生下半场的穿越和中国企业的穿越得以发生？

心力成为资本将为社会、企业、企业家、企业传承带来怎样的想象世界和现实力量？

借助心之力，个人的困惑、家庭的矛盾、经营的困难、社会问题，均可以得到化解，只是心力觉醒需要自觉、觉他的宏大愿力和艰难的自我修炼。

不经历风雨，哪能见彩虹？

一、何为心

三场穿越的成功皆取决于心

现在我们来回顾三场穿越。第一场作者个人的穿越，九年的时间从起初的纯粹个人能力的重塑，再到人生意义与事业的重塑，最终走向发愿引领企业家群体走向对商业觉醒的重塑，都关乎着他的内心世界的转变。

从我走向他、走向社会。第二个人生下半场的穿越，更是一个人生追求圆满自在的穿越。它更涉及一个人的内心世界——“我是谁，我一生存在的意义和工作是什么”的穿越？

商业 3.0，中国企业 43 年的穿越，它是要跨越 1.0 的物本商业，经由 2.0 的人本商业，最终走向 3.0 的心本商业。

三场穿越各不相同，但都归于心。

心为何物？让我们还是来先向自然学习。

自然的图像

同样自然四幅画。

第一幅。美妙大千世界，鱼在水中欢快游弋，鸟在天空自由飞翔，兔子吃着草，老虎吃着兔子，树木在阳光和土壤之间茁壮地成长。各取所需，各取所用，各自生长，怡然恬静，和谐与共。

第二幅。世间万物，又各有其所属。这是草，这是树木，这是兔子，这是老虎。物种属性之上还有类目、大分类，草类、灌木类、树木类，统称植物；爬行类、哺乳类、鸟类，统称动物；动物和植物又构成生物。自然界的每一个物种都有其特定的属性和名称。

第三幅。每一个物种在它诞生那一刻，就注定了它只能是老虎，不能是兔子；是小草，不可能成为树木。同时每一个物种都有其存在的作用和意图，草喂兔子，兔子喂老虎，树木调节气候为人类所用、供动物栖息。

第四幅。也是大自然最为神奇的，物种生生灭灭，不断消亡，又不断诞生。神秘的大地承载着万物，又不断地孕育着新生，生生不息，永无止境。

自然承载的奥秘

四幅画承载着自然的万象，也诠释着生命的实相。

第一幅画让我们看到了生命的“用”。借助各项器官，我们身体力行，从事着各种各样的工作，为自我，也为他人和社会，呈现出各种各样的成果和价值。

第二幅画让我们看到了生命的“相”。“用”是呈现、是结果，但这个呈现和结果又是受大脑的创意和构想所驱使的。我要画幅画送给朋友，画幅画就是大脑的创意，并构想出画的内容和形态，然后身体去实现，让脑中的这幅画儿变成实实在在的、可以送朋友的实物，“相”就变成了“用”。是“相”驱动了“用”，“用”又承载了“相”。兔子和老虎是“相”，老虎吃兔子就是“用”。

第三幅画，让我们来探究“相”背后的奥秘。驱动创意和构想这个“相”的背后一定还有个驱动因素，它为“相”的创造赋予动机，驱动大脑开动脑力去开动“相”的创造。这个驱动因素就是“意”，一以概之，就是起心动念，就是发心、就是念头。让自然有草、兔子和老虎物种，同时存在，并彼此形成食物链相互支撑，构建一个食物链、生态链，这个自然的创意，就是“意”。因为“意”的存在，决定了“相”的形式，也产生了“用”的结果。

第四幅画，抛开“用、相、意”，还有一个存在，那就是“体”。万物生发、物种生生灭灭、永不停息，各种起心动念、或善或恶，源源不绝、瞬息万变，皆来源于这里，它是自然之大地，它是生命之本源，心之本体。

何为心

体、意、相、用，用一张图来表达，就是这样。

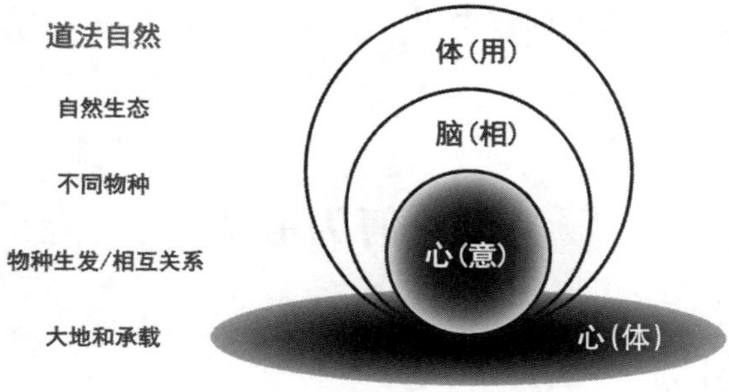

图 21　体、意、相、用

如果说，“用”是万物的体验，是身体作用的结果；“相”是万物的外在形态，是大脑作用的结果；那么“意”就是万物的内在生发，也是该物区别于它物的那个独特内在。

当剥离“意、相、用”之后，仍旧存在的，就是“心”。

心之本体是万化根源，用道德经第六章原文“谷神不死，是谓玄牝。玄牝之门，是谓天地根，绵绵若存，用之不勤”来形容，甚是恰当。现代新儒家开宗大师熊十力先生在其著述《十力语要初续》一书中的解释“按谷者，虚而深潜之象；神者，生生不测之称；牝者生义，元者大义，赞其生生之盛也”，让心的本体实相和作用更显宏大。

“意”与“体”加起来，就构成“心”的整体。“意”是心的活动，通过它来联系和调动大脑、身体，呈现出“相”和“用”，从而与外部世界产生联结和互动。而“体”是心的本源，是种子库，可以孕育不同的“意”，又通过不同“意”与外部作用的结果，给“体”留下记忆或新的种子，存入种子库。从而让“体”更加含藏万有，恒转如流，无住无息，无形无象，独立不改，周行不殆。

二、何为心力

心力是什么

人的身体有五脏六腑和四肢，通过从事生产劳作，创造产品和财富，就成了“体力”。

大脑通过知识获取、输入和加工，产生创新的思路、想法和设计，然后由身体去制作和呈现，于是“脑力”也就形成了。

心力，则是穿透体力和脑力，从本源上生发智慧的力量。因为没有“用”和“相”的束缚，所以心力可以直抵事物的本质。这里的“用”，指的是功用、使用、作用，而“相”指的是形状、外貌、姿态、颜色等外在展现出的样子。更因为它是直接来源于本体，所以它与众生是直接一体的。就如世间万物，因为与大地的一脉相承，所以共同依托于大地，既成生态，又回向大地，彼此和谐，生机盎然。

由于心力赋予了行为以情感、动机、意义，更具驱动力，更容易驱动大脑和身体的运转和创造，同时心力高于、也远大于脑力和体力，所以心力就成了生命中创造力的源泉和发动机。

心力，心之力，就是创造性和能动性。

心力是如何影响有形世界的

由自然推及生命，再由生命推及社会。我们不仅可以看到生命的实相，也可以看到生命的创造。

智能手机是21世纪最为伟大的发明之一，它改变了人们的生活方式，通过一个没有按键的触屏手机、内含的流畅操作系统以及各类App，构建了人类新的生活和生产方式，被全球用户和企业喜爱并广泛应用，这就是史蒂夫·乔布斯（Steve Jobs）给大家呈现的“用”。

为了这个应用结果，就得先对手机产品和应用软件进行研发，让“用”被设计出来，这就是大脑对手机、操作系统和App这类“相”的开发，是脑力应用的体现、脑力作用的结果。

再往前追溯，所有这些开发都得先有个原型及支持这个原型的起初创意，以及创意背后的动机、目的和价值，也就是为什么要创造、创造有什么意义的起心动念。这就是“意”之作用。

在沃尔特·艾萨克森（Walter Isaacson）的《史蒂夫·乔布斯传》（史蒂夫·乔布斯唯一授权传记）一书关于“iPhone”的章节中，提到iPod大获成功，贡献了苹果公司2005年45%的收入，同时为苹果公司塑造出时尚的企业形象。书中描述道“他总在担心有什么会让我们陷入困境”，这就是乔布斯在“意”一方面的内在危机感和驱动力。另一方面，乔布斯最终得出结论“能抢我们饭碗的设备是手机”，这就是“意”在乔布斯心中的新一代智能手机的创意，融合数码相机和 iPod 的伟大创意，这第二个层面是对新商业机遇之“意”的精准把握。

为什么能孕育出如此伟大的“意”？我们可以深层次探究乔布斯的本体。

在“遗产”章节，有这样几段概述：“乔布斯的个性体现在他创造的产品里。正如苹果的核心理念，从 1984 年最初的 Mac 到整整一代人以后的 iPod，一直都是端到端的软硬件整合，乔布斯本人也是如此：他的激情、完美主义、阴暗面、欲望、艺术气质、残酷以及控制欲，这一切都跟他的商业理念和最终的创新产品交织在一起”“他把这种专注的能力和对简洁的热爱归功于他的禅修。禅修增强了他对直觉的信赖，教他如何分散精力或不必要的事情，在他身上培养出了一种基于至简主义的审美观”“他的奇思妙想都是本能的、不可预见的，有时是充满魔力的”。

在即将离开人世时，“他谈到将近 40 年前他在印度的经历，他对佛法的研习，以及他对转世和精神超越的看法。‘我对上帝的信仰是半信半疑。’他说，‘我一生中的大部分时间里，都认为一定有超出我们所见的存在’”。

因为乔布斯真实的“体”，由至简主义的审美观，以及禅修的直觉生发，由完美主义产品和生活方式呈现的个性，他的“意”就更加强烈、真切与独树一帜。

乔布斯作为一个个体，因为独特的“体”，在商业“意”上的生发，有了智能手机的“相”，便也有了 iPhone 的“用”，心力通过由内心世界到外部，产生了创造，从而也产生了链接，并最终对他人、商业、社会产生了影响。

心力被释放后的无限想象力

在农业经济时代，人的生存主要是靠体力，所以体力是财富创造的主要资产形式。

在工业经济时代，由于脑力的发明和创造功能，让体力产出的成效成倍增加，于是脑力就成了创新驱动中最为重要的资产。

因为脑力资产存在于拥有较高智商和较为完善知识结构的人才身上，于是脑力资本经营时代，大家抢夺的就是人才。过去一直是美国的大学和企业在抢我们的人才，今天以华为为代表的中国企业也开始以高薪吸引全世界顶级大学的毕业生。这就是脑力资本主导当今世界进步的主要动力，也是彼此竞争的法宝。

体力由于受总体供给数量和个体年龄的约束，容易形成瓶颈。并且受不良意识的驱动，体力更有惜力和趋于享受的动机行为，因而其作为资本驱动力有着极大的天花板和不可持续性。

脑力需要长期积累，更需要大量投入的培养，也更容易受个体差异的影响，并且“意”向“相”和“用”转化还有滞后效应，更有极大的试错成本，同时还有负向创造的可能，所以脑力对资本的效力也有巨大的掣肘作用。

而心力，具有以下特征：

（1）创造性：心是力量的源头、创造性的本源，所以颠覆性的改变更是来源于心力。

（2）自发性：在心力作用下，每一个个体都可以焕发无穷尽的智慧力量。

（3）透彻性：超越现实中“相”和“用”的束缚，直抵事物的核心，把握本质。

（4）共情性：因为是在本体上的触发，所以在个体之间的差异被消除，万物一体，故而彼此的链接是天然的，也是最牢固的。

（5）相续性：不因年龄和个体差异，均本自具足，并不随身体消亡而殆尽，可以传承。如民族精神、企业精神、企业家精神、家风精神等都是心力的承载和表现，当然具有传承和永续性。

（6）觉知性：心本身就具有觉察力，能够察觉自我的善恶，确保走正道。

（7）笃定性：一旦自我觉知，就会让人心安，时刻安住在当下，所以笃定性和力量感就开始升起，幸福的源泉也从此打开。

所以，心力是取之不尽，用之不竭的，这是显著区别于脑力和体力的最大特质。反过来，心力又可以统摄脑力和体力，让其更有创造力和自愿力，所以，在人口红利消失、创新遇到存量人才瓶颈之时，我们最应该去探索和开发的是心力资本的新时代。

“意”对于心力的正负影响

用“体、相、用”来诠释宇宙人生的真相，本是共识。为什么我们要在中间加上一个“意”，从而把心进行“体”和“意”的分拆，目的就在于要将心力作用的路径以及心力释放的方法弄明白，这样我们才有下手处。

要理解“意”，我们不妨分析一下“八识”。

根据熊先生在《十力语要初续》中所述，前五识：眼识、耳识、鼻识、舌识、身识，是通过五官对外界进行感知，也是生命向外求的工具。

第六识是意识，如同旋转门向内或向外转，都能升起各种想法。如果向外攀缘，则穷天际地、驰骋无所不至。如果返而向内攀缘，则理不外求，化我自出。人一旦被无明的习气包裹，就妄想连连，如云蔽日。一旦能自我觉照和自省，妄想就自我熄灭了。如果始终不能觉照和自省，就会被虚妄的习气——贪嗔痴慢所驱使，永无尽期。

第七识只是执迷于自我，根深蒂固，坚执不破，越强化越深不可拔。凡夫俗子如果沉沦于习气之中，就无出头之日。觉醒之人因了知无我，浩然与天地同流。第七识有个特点就是：依六识净而净、六识染而染，给第八识传送消息而不加选择，而且常常与我痴、我见、我慢、我爱四烦恼相应。

第八识是影响意识产生的根源，它会储存、会根据因缘条件再次发生作用，并有循环往复、永不停歇的特点。这个产生的作用有纯善的，也有可能是善、是恶、是无善无恶的，两者混杂在一起。

分析到这里，我们就知道心力工作的原理了。

首先，我们对外部世界通过第六识和第七识来产生感知和发挥作用，这两者用“念头”+“主体我”来表达和传递。首先是我看到、我听到、我闻到、我尝到、我感觉到，然后产生念头，我认为、我想要、我必须，于是就指挥大脑、运作身体，与外部世界产生作用了。

其次，这些念头或瞬间消失、或持续存在，但都会在心的本体上留下印记，佛家称种子，心理学家称潜意识，生理学家称脑回路记忆。不断累积，就成为了自我的思想、观念，甚至于价值观。一旦某个因缘契机，它们又会重新发挥作用。循环往复，就成为了习惯或习性，让我们往往不经觉察，就发挥效应。

最后，这些留存的记忆可能是善、可能是恶、也可能无善无恶，如果通过没有觉照、无明的“我 + 念头”，扩展出去，结果也就可能是善、是恶、是无善无恶。

所以，正如稻盛和夫的成功方程式：人生和工作结果 = 思维方式 × 努力 × 能力，努力和能力是 0 到 100，而思维方式是负 100 到正 100 之间，所以结果也就可能是正，也可能是负。同样“我 + 念头”对于心力的影响，从而对外部世界的影响也就有了积极的和负面的。

一“念”之间的不同

先看一个个体“跨越身体极限”的小故事。

前面说过我 2017 年去珠峰大本营的故事。当第一次跨越 5300 米海拔的时候，高原反应严重，头痛欲裂，几乎不能呼吸，仅有的两个氧气瓶已被同样痛苦的伙伴使用。越前行，“高反”越严重，生命的极限似乎越来越近。

这时，不好的念头迅速升起，“我是全队中身体最不好的，大家为什么不想着我、优先让我吸氧呢？！”。如果任用念头往外扩展，就会结出恶果，会无端把怨气发作在别人身上，甚至干脆去要、去抢氧气瓶。

然而那一刻，我止住了念头、也掐断了产生不良行为的链路。转而开始打坐，将注意力转移到调整呼吸，全身凝聚在师傅教授的打坐心法上，奇迹发生了，我的严重缺氧症状被我克服了，呼吸慢慢变得均匀平稳，头痛逐步减轻。

关键是新的念头产生了：他们比我痛苦，就应该由他们来吸氧以减轻。一下翻转，结果截然不同，我不光克服了身体的痛苦，还克服了习气的反应，从怨恨变成了关爱，关照同伴们吸氧、关照他们的反应以努力缓释他们的痛苦。

我自己跨过了生命的极点，得到了欢乐，同时我也升起了对他人的爱。

再看一个“改善空气”社会大故事的转念。

雾霾对我们的侵扰是每一个人都感同身受的。2014 年 APEC 北京会议召开之前，我们是一筹莫展，苦不堪言。为了迎接一个重要时刻的重要会议，政府下令汽车限行、关停周边工厂生产、停止扬尘建筑作业施工，蓝天白云瞬间回到北京天空。

正是这样一次主动地按下暂停键，唤醒了国家对新发展方式的坚定决心，也唤醒了民众对美好生活可期的信心，也就有了随后的治霾行动，当然也就有了今天持续的蓝天白云和更加美好的生活环境。

心力通过“意”发生作用。我们常说“一念之间，世界大不同”，正是这样的道理。

转念，“转”的是什么

所谓转念，第一个要转的就是从“我”到“他”。只有不再只是“我”，就能看到“我”之外的其他人和真实世界。也只有不再只是“我”，想法才会关乎他人和关乎世界。只有与他人、与世界相关联，“我”也才能真正地融入，也才能真正地与他人、与外部世界协作。

我们再来看，“我”是依托在念头上的，而念头又是有善有恶的。好的念头对外呈现好的结果，坏的念头就显现坏的效用。念头向外传递和发生作用后，还会在我们的本体上留下种子。

所以第二个转念要转的就是，消除恶的（自私、利己的）意念，持正念，保持正直善良的内心和坚定的信念，以善念驱动自我的想法、行为，和他人、世界相连和互动。

念头瞬间即生，又瞬间即灭，生生灭灭，无穷尽也。人又惯于被习惯，也即习性所驱策。如何在意念传递出去发生作用前，就捕捉到它们，这是转念要转的第三点。

从“起习性反应”到“捕捉每一个起心动念”，从每一个起心动念的主体“我”出发转向“他人”，让每一个起心动念，从“自私利己”变成“利他”的“正念”和“善念”，就是转念要转的三个核心要素。

三、“我”的实相与心道创造

“我”的实相

我们的生命首先有一个血肉之躯，也就是有形的物质身体。而物质的最终实相是波动或粒子的持续之流，一位诺贝尔物理学奖获得者测量出亚原子粒子一秒之内生灭了10的22次方。也就是说，在一弹指或一眨眼间，每个亚原子粒子已经生灭几百万兆次了。这里所讲的“实相”，即为“真相”之意。

生命的另外一个组成部分是心理活动，也同样是瞬息万变，处于不断的变化与消亡之中。

事实上，并非有一个固定的自我。身体的每一个分子，内心的每一个过程，都在不断变迁。除了每个当下之外，别无他物。没有可以执着的硬核，没有什么可以叫作“我”“我所有的”，所谓的“我”只是一个不断变化的组合体罢了。所以，立足当下，终止痛苦及带来潜在痛苦的根源就是“我”的工作。这是实相之一。

我们每天在乎的那个“我”，通常被我们表现为：①自我认同的形象。对每个人而言，“我”是全世界最重要的人，会不假思索、本能地想根据自己的喜好来安排这个世界。②从“我”延伸到“我的”，想要更多东西，以此来增强“我”的形象。③进一步延伸到“我的见解、我的信仰”，想把这些传递出去，而且每个人都深信自己的是最好的。

但没有任何人是独立存在于这个世界上的，“我”的形象、“我要的”所属、“我的见解”，总会跟外部世界起冲突，于是我们就不快乐。

“我”是一切不快乐的根源，这就是实相之二。

实相之三是，我们如此执着于“我”，但我们根本不了解自我，常常处于无明的状态，盲目起反应，但还不知道自己已经做出习性反应这个事实。所以持续盲目地反应下去，并任由它越演越烈，于是就被困在牢笼中，也就陷入无尽的痛苦之中。

谦卑之心升起，心中装下的就是他人和全世界

“我慢”之心，亦是骄傲之心。因为自我的一点成绩，就觉得自己了不起，忘乎所以，怠慢他人、看不起他人，于是高昂着头，满是自我，全无他人。这是世人的毛病，也是人身上最大的习气。

然而人一旦谦卑，就会低下高傲的头。俯首往下看的时候，会看到什么?

首先会看到自我。看到自我的好，也会看到自我的小，小肚鸡肠、小我之心，忏悔之行就启动了。于是我们就会走向内心，开始全新的自我认知。

同时会看到他人，看到这个世界除了自我，还有他人。每个人都是独特的存在，而且他们并不是为你而存在的。

我们更能看到他人的欢乐与痛苦，于是同理心便会升起，开始体会他人的情绪，并从他人的情绪中去理解他人的思想、情感、行为和需要，还会主动做出回应，以使更好地相互理解。

有了同理心，我们便有了人类同族感，对他人的痛苦和需求就会感同身受。当对他人的痛感之深切，如同自身的苦难一样，就会生发慈悲心。

同理心研究专家马丁·霍夫曼（Martin Hoffman）提出，“道德的根源在于同理心，因为正是与潜在受害者，比如遭受痛苦、威胁或者贫困的人，感同身受，愿意与之分担困苦，才促使人们行动起来帮助他们”。他进一步认为“同理心除了与人际交往中的利他主义有直接的联系之外，设身处地为他人考虑的力量还促使人们遵循一定的道德准则”，所以同理心和道德联合成了“利他主义的根源”。

慈爱众生并给予快乐，称为慈；同感其苦，怜悯众生，并拔除其苦，称为悲；以众生苦为己苦之同心同感状态，称同体大悲。

以慈悲之心看世界，你就会发现常人无法发现的问题，这些问题是如何阻碍他人，如何让他人感受痛苦。于是将这些问题解决，让他人走出痛苦的想法就会生发。越要解决更多的他人的困苦和问题，就越需要更大的愿力。

愿力具相，就是目标、使命和意义。因为解决他人和社会所面临的问题，重新定义了自我存在的价值和意义，就彻底完成了“我”向“他”的翻转，也完成了“小我”向“大我”的翻转，世界就不再只是自我，而全是众生。我因为服务众生，而回归到本相。

愿力会重塑自我的能力，也会感召同样有愿力、有能力的同路人加入，为了众生面临的共同问题的解决，一个人的愿就变成了同路人的愿，大家共同塑造集体解决问题的能力，平台诞生了，组织便形成了，或是企业，或是社团，由人构成，转而也服务和成就他人，于是良性的飞轮便转动了起来，如图 22 所示。

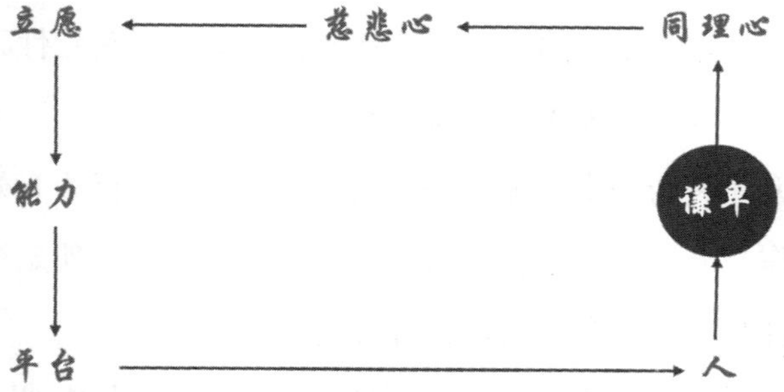

图 22 愿力循环

一位知名互联网公司的高管，而立之年，有了宝贝女儿。因为媒体从业的经历，见到了无数不安全食品给孩子带来的伤害，于是决定用有机食品来喂养孩子，以避免悲剧发生在自家孩子身上。

后来发现身边还有更多的孩子妈妈跟自己一样，希望同样用安全绿色食材来守护家庭的餐桌，于是她便做了一个有机食材的生鲜网站，从全球选品，自建检测中心，建立食材标准，再到指导农户按标准种植，很快几十万个有同样心理和需求的妈妈便聚集在了这个平台上。几年的工夫，这个网站已有近百万的妈妈用户，年销售额近 10 亿元。

建构“作为人，何为正确”的起心动念

一个又一个的念头，指使着我们的心理活动，通过大脑的创造和身体的力量，对外部人和事发生作用，或正或负，其实就在一念之间。负向的不仅伤害他人和世界，也为自我种下不好的因，因果报应，终会降临到自我的头上。

有能力止断错误的念头，就需要自我能为念头定性，心里放一杆秤，判断何为正确。那么何为正确？

稻盛和夫的一个至理做法，大道至简，却又极为有效，那就是“作为人，何为正确”的原则。在做决策时，他始终叩问的就是良知，即这个决策是否符合良心。

良心是一个再朴素不过的道理，就像两个人吵架，吵得不可开交的时候，经常会说“摸摸你的良心吧”“不能昧良心”“昧良心会遭天谴”。

朱熹说：“良心者，本然之善心。即所谓仁义之心也。”它是人天然就有的善良心性。而且是完全可以自知的，就像王阳明说的“良知在人，随你如何，不能泯灭。虽盗贼，亦自知不当为盗，唤他做贼，他还忸怩”。

良心泯灭，不能用良心来武装起心动念，只是因为贪嗔痴慢的执着，更是自我习气的快速驱策，让我们根本不由心，自然捕捉起心动念的能力就没有了，更遑论良心判断。

何为“觉醒”

所以，人不觉醒，就无法观照起心动念，更无法做良心决策，那么何为觉醒?

哲学智慧思辨家、西安文理学院郭春林教授的说法最为得当。他说，自内而外的合一，心动为“醒”。人和物在道上无差别，但在创造性上有差别。所以，心动状态就把人的层次分开了。

心动具有以下四个层次。

第一层次：心不动。文字表达就是“愚”字，心在藕中。一种从众心理，随波逐流。

第二层次：外引之动。被外部牵引，缺乏自我的主张和判断。

第三层次：利己之动。也即是恶之动，起心动念都是利己，也会产生一定创造性。

第四层次：利他之动。就是创生无已，体现道体的创造性，就是真正的、生生不息的创造，也是最高层次的心动。

“觉”就是对于念头和情绪，当它出现时，你要能看到它的出现，知道它的机制、影响和后果，你才不会被这种念头和情绪抓住、控制和影响，才有自由、获得解脱的可能性。

所以“觉”是功夫，“觉”字有以下三要。

自明。一个念头、一个决定、一个错误、一个烦恼，知道我在其中，知道有我在发生作用，就是自明。知其在自己就是默识，默识则自明。

自见。反观我在其中，究竟是个什么主体，掺杂多少自我的动机和利益。这些动机和利益将给事情本身和他人带来什么后果，向内归因，向自我归因就是自见。尽其在自己就是思诚，思诚则自见。

自证。在内部归因后，能够调整到良知、天理的准则去行事，从而建构知行合一的自我体验和自我价值观，并依此指导和自律知和行，就是自证。实其在自己就是据德，据德则自证。

觉者自明，知悉有我在发生作用；觉者自见，远离小我的动机利益；觉者自证，依据天理良知去据德证悟。生命便来到一个新的高度，心力便开始新的作用。

创生无己的创造才是真创造

人一旦觉醒，就可以来探讨“心”与“道”的关系。

“道”是中国文化中最为广泛、也最为精妙的一个字，老子的一部《道德经》，更是把“道”带到了极致的高度，成了中国人毕其一生都要去追寻和达到的境界。

“道”在《道德经》五千言中出现了 70 多次，以“道可道，非常道”开篇，“天之道，利而不害，圣人之道，为而不争”结尾，简直是“玄之又玄，众妙之门”。

从《道德经》中我们首先可以明白：道是宇宙的本源，万物的创造。无名，天地之始；有名，万物之母。这与心之本体“藏无量种，是万化的根源”异曲同工，所以道心本一体，心本就是道，道就是心，心外无道，道外无心。而且道心的本质就是创造性。

其次，从《道德经》中我们还可以明白：道不仅具有创造性，还是生生不息的创造，始而不怠，这与心力不竭运转也是大相吻合，所以心道的创造是周而复始，不因脑力、体力的枯竭而中止。

最后，从《道德经》中我们会最终明白：天长，地久。天地之所以能长且久者，以其不自生也，故能长生。所以创生无己的创造才是真创造，也才是符合天地之道的创造规律，而这样的真创造也才能让我们自己从利他创造中得以安然，得以回报。是以圣人后其生而身先，外其身而身存，非以其无私邪？故能成其私。

所以，心道的本质就是创造性，就是发挥心之力的创造性和能动性。而且“创生无己”才是真正的道体，不是为自己，而是为他人、社会、民族、人类而创造，在利他无己的时候才是符合道的“真”创造。

当以主体的“我”为核心去感知外部，则会进入自我的小世界，根本无法看到世界的真面目。如果剥离自我，完全以“他”的视角出发，世界的真相就会被还原，“意”就会与心之本体之纯善相连。因为纯善，无我掺杂，便能看清世界的真实本质，本质近于道，道的创造性也就呈现出来了。

当站在他人的视角去思考和行动时，就会赢他人之心，组织、员工、客户、社区才会命运相连、生死与共，也因此产生“心道”与共的无边界创造力，于是组织和社会的更大创造、持续的创造就产生了，这是仅凭体力和脑力创造所不能及的，也恰是心力创造的独特和强大所在。

四、心力资本与心力经营

心力如何成为资本

道心真创造。心力，也就通过利他的起心动念，为善的“意”开始幻化，演变成了物质世界的一个个正向和推动进步的“相”，也就是说我们能够感知到的好战略和凝聚的组织力，最终在“用”上，产生生产力和创造力。所以，心通过心力成为资本也就顺理成章，并当下立现了。

在劳动力易于获得和成本低的时代，脑力被忽视。人本能惜体力，容易享受吃喝玩乐，一旦满足了这些官能欲望，就会怠于脑力开发。对组织而言，也因此在低价获取劳动力就可以获得大量的剩余价值时，就不会考虑开发脑力。另外，脑力的开发需要金钱和时间成本的投入，更容易被忽视。

但脑力带来的创造力和价值，远高于体力。脑力具有天然雇用体力的属性，所以在脑力容易获得的时代，特别是脑力还在带来巨大的回报，对体力具有极大统摄价值时，脑力会固守城池，坚定捍卫自己的地位。

脑力资本驱动的公司，最容易呈现过山车般的振荡，而且死亡率极高。今天我们经常见到这样的现象，某家公司融到大笔资金，行业内各类顶尖人才就蜂拥到这里，一旦下笔资金融不到，这些人就离开了。

然而脑力具有个体的差异性，因为差异，对个体的重视就不同，于是这个社会就会更加注重追逐已然拥有超强大脑的人才争夺，从而漠视一般大脑的普通大众。但世界的真相却是，绝大多数人群都是普通大脑，所以这时开启心力，就会会聚大众，打造出超强大脑也所不及的超强组织。

通过三个真实的故事，我们就能明白心力高于脑力，从而聚合让脑力突变的机制与玄妙之所在。

第一个故事是一家原本很普通的民营中小企业，位于广东江门市，为冰箱、洗衣机等提供微型电机研发和生产。2003年“非典”期间，跟其他企业一样，该企业也面临停工停产的艰难境地。当大多数企业都选择遣散工人以渡难关时，该公司创始人决定一个员工也不遣散，他要与员工同生死共命运。然而就是这个决定，整个员工与企业紧密地凝聚在了一起，企业不抛弃员工，员工便以更大的付出和贡献来回报企业。随后，企业在前期的优秀定位和技术创新基础上，开创了全面的创新局面。在2014年股票上市时，拥有了如下令制造业同行仰慕的经营业绩：20%以上的制造业净利润率、每亩土地1000万的税收贡献、细分市场全球第一、300多项企业专利。

他们经营的奥秘就是：遵循“将生产线产业工人转变为技术工人”的理念，充分发挥一线工人创新，并将创新融入血液。比如在生产线的某传送工序中，零件传送时总是需要在值班工人的操作下才能准确入位，不仅需要额外的人工，而且操作还非常单调乏味。而一位一线工人看到这种“冗余”，不断琢磨与研究，设计与改造该工序设备，最终不但使零件精准传送，而且还省掉了该工序的工人编制，所有产线加起来，仅这一个工位就节省了近10个劳动力。据创始人说，这300多项公司专利基本是一线工人创造的。

第二个故事，是我的亲身经历。我第一次去餐饮企业做CEO时，从业者绝大多数都是小学生、初中生的文化水平。一听，大家就会认为在这里别谈什么创新了，绝对是奢谈。公司董事长也这么认为，并坚定地执行他的战略：将创新委托给外部的咨询机构，于是便有了大规模的咨询项目。也是在这样的合作契机中，我走进了这家企业。

我坚定地认为，创新的土壤应该在一线。于是我手把手地先从职能部门的600位专业人员开始，带动、传授与指导他们走向创意的实践，并与董事长达成第一个共识，所有部门以后的汇报，谁写报告谁来讲，禁止经理念文员的报告。小小的举措激发了一线员工踊跃写出高水平提案和方案，产生了直接向高层汇报的氛围。然后我又启动了全员创新和大讲堂，奖励每一个可能带来更好客户体验、成本降低和效率提升的创意，并赋予讲师的荣誉，让其走上大讲堂。那时，我看到几千名员工，在辛苦劳作一天之后，深夜 11 点仍活跃在创新探索的工作、讲台、学习间。两年之后，我们就是靠着这一批普通的低文化水平的人，硬是获得了中国餐饮行业国家级科技奖——“2010 年度中餐科技进步奖——特等奖”，成为了行业的标杆，获得了国家的荣誉，也因此培养出了一大批优秀的行业人才。当初人力资源部门的 40 多位员工，现在基本上是大餐饮品牌的人力资源总监级别的干部。

第一个故事，我们看到了把工人当亲人，心被凝聚，心力被释放，从而脑力被激发，资本被显著创造。第二个故事，我们看到了因为相信一线能力，从组织制度上去保证去激励，同样可以把每个普通人的潜力激发出来，产生不可思议的创造。这两个故事，让我们坚信心力成为资本是真实的，其创造的价值也是远高于脑力和体力的，而且是不因脑力个体的平凡而受到削弱。关键是还可持续和不受约束。

这让我们想起计算机技术里的集群概念，普通的微机服务器通过集群，达到的运算效果可以超过大型机和超级机。

第三个故事，是超强脑力者构建的组织反而是通过心力才重新崛起的故事。这家企业是全球闻名的微软公司。

2014 年萨提亚 · 纳德拉（Satya Nadella）刚执掌微软时，微软已是一个日渐没落的商业帝国。据《刷新》一书所说，①微软落后了：计算机销量下滑，18 个月前推出的 Windows

8 遭受冷遇，智能手机爆炸式增长但微软连参与机会都没有，长期被视为蓝筹股但多年来一直处于低迷状态；②微软病了：错过了移动革命，组织内部对云业务的重要性存在严重分歧，创新被官僚主义所取代，团队协作被内部政治所取代。在这些混乱时期，一名画家将微软组织系统描绘成敌对帮派结构，大家互相用枪指着对方，员工倦怠了，他们深感挫败。

这可是全世界最为聪明、具有最强大脑的一拨人，然而脑力在心力不足的那一刻，也失去再创造力了，自然脑力资本失效了。

萨提亚·纳德拉开启了微软心力的重塑：①从产品、市场，再到员工、客户和合作伙伴展现同理心，以解决社会问题为出发点和驱动力，为大众赋能；②推行成长型思维而非固化型思维，让全体员工保持好奇心，用伟大技术满足客户未能表达和未被满足的需求的渴求，保持多元化和包容性，上下一心，确保共同进退的微软，而不是各自为政的联邦；③升级领导力：停止抱怨，作为这家公司的领导者，你的工作就是在狗屎堆里找到玫瑰花瓣，拿出时间为员工赋能，发掘潜力；④从曾经碾压一切竞争对手的竞争思维走向竞合思维；⑤通过发现微软的灵魂，激发工作的使命感和自豪感来点燃员工、树立希望；⑥重新发现灵魂，呈现新的使命和商业愿景。新的使命：助力全球每一个人、每一个组织，成就非凡。新的商业愿景：建构智能云平台，创造更个性化的计算，推动人们从需要 Windows 到选择 Windows，进而爱上 Windows；⑦赋予价值观新内涵：同理心 + 共同的价值观 + 安全可靠 = 信任，设计符合伦理的人工智能，实现人人获益的经济增长，体现新的社会契约，构建有助于推动社会进步的伦理。

仅仅四年时间，微软市值增长 5000 亿美元，在 2018 年 12 月 1 日达到 8513 亿美元，超过苹果，成为全球市值最高的上市公司。心力让脑力重新焕发创造力，而新微软所呈现的心力更为市场和社会大众所认可和推崇，其直接和间接创造力更远超微软本身的脑力，这就是心力被释放的魅力和巨大潜力。

心力经营要过的四道关

开启心力资本经营，需要闯过四道关。

第一关，是过“人”关。人是经营的手段还是经营的目的，这是开启心力资本经营首先要回答的问题。商业 1.0 时代，追求物质创造和财富回报，自然人就是手段，客户是付钱的手段，员工是赚钱的手段。商业 2.0 时代，脑力主导，人是资源，拥有超强大脑，就拥有了竞争优势。然而商业 3.0 时代，得人心者，心才会凝聚到你这里，从而释放为生产力和创造力。于是人成了目的，客户是目的，员工是目的，合作伙伴是目的，社区是目的。一切都要围绕他们的成就、获得感和幸福感，让他们觉得都是自己的事，让他们共同参与创造的宗旨和目的上来，这样，心的自愿性才会释放出来，心力才会真正产生。

第二关，是过“意”关。人聚来了，心释放了，那么第二关就要回答大家在一起究竟要创造什么。心力向外发力关键就在“意”上：如果说无善无恶是“心”之本体，那么有善有恶就是“意”在让我们开始起心动念了。为善，为恶，一念之间，所以起心动念的关键就是要从“知善知恶”到“为善去恶”，始终坚守“作为人，何为正确”的原则，这样的心力释放在他人和社区之上才会是美好的结果、推动进步的力量。所以，“意”在个体体现的就是人生意义和道德伦理，在组织体现的就是使命、愿景和价值观，在社会就是社会伦理和道德规范。这样的“意”就会让众人在心之本体上构建共同的链接，产生巨大的力量。

第三关，是过“事”关。过去是视机会为机遇，只要可以赚钱，不管对错，哪怕踩着道德和法律的红线，也在所不惜。当然机会一旦抓住，就只能为我，而不能为他人所分享，于是丛林法则就愈演愈烈，大家都追求唯一唯二行业竞争逻辑。今天，要开启心力经营，就要视问题为机遇，在别人看到问题的地方去看到机会。因为，只有你深扎根于大众，对大众所面临的疾苦与困扰感同身受，你才会从“意”上产生彻底解决的愿力，也就是前文所说的使命和愿景。也正因为是别人都不愿去碰的问题，它必然存在难度，就更需要众多人“心力”的共聚创造。所以，“事”关是心力时代新的产业洞察关、战略重塑关、产品重新定义关、组织运营关，以及经营成果重新衡量关。

第四关，是过“企业”关。企业是创始人的、投资者的、股东的，这司空见惯。然而心力经营的时代，却要转变这种观念，去尽力构建全体从业者、价值相关者、生态社区的企业。这包含两方面，首先是全体相关者的信息透明、共同参与以及成果的共同分享，华为数万人持股、各种联席机制就是最好的探索和例证。其次是没有围墙的、社区生态的企业，认可你的事业、参与你的事业的人，未必都是加入你公司的员工，但绝对是共同价值创造的力量，如何将他们纳入广义企业的范畴，并加以组织和共创，就是心力经营要过的第四关。

上述四关归根结底是决策者和领导者经营意识的重塑和转变，意识高度决定着企业的高度，也最终决定着企业的命运，但时代不会因你的意识而停滞，唯有与时代同步，才有新的未来。同时，心力经营时代要求决策者和领导者具有更加高超的企业思想意识、上层建筑重构的能力，这与过往专注技术、产品、生产、营销的时代迥然不同，因为激发的员工心力更具解决这些问题的愿力和能力。然而这种意识的过关，非得决策者和领导者的心力觉醒不可。

人关、意关、事关、企业关，四道关一并跨越，心力经营就为你开启。

善意传递更大的信任，信任让交易成本更低

早期的海底捞 CEO 张勇，特别重视两件事，一是如何确保对一线员工考核和激励的公平，二是如何确保授权一定要落在一线员工的身上，以不损害顾客的利益。这是因为在他心中建构了服务业的经营法则：员工第一，顾客第二，只有满意的员工才会营造出满意的顾客。

加之他前期实施：让员工有尊严地像北京人一样生活、解决外出打工后孩子上学和父母补助津贴、双手改变命运的价值观，他尽可能地最大限度释放对员工和员工家庭的善意。在他期望构建的企业中，员工能有尊严，能有自主权，并能共享企业发展的成果。

正是这份善意，传递给员工能量，让员工能够把心安放在企业，并从心底释放出服务客户的最高热情和创造力，没有总部的指派，一线员工硬是创造了上万个所谓“变态服务”的方式方法，成了面对各种顾客场景员工都能试图满意解决的企业百宝箱和知识库。

善意传递信任，信任让成本更低。

在海底捞扩展到 50 家门店时，公司也慢慢走向了大区制、小区制的管理模式，几乎所有上规模的公司都是这样做的。然而张勇认为这违背了他的原则，因为有了层级，一线充分授权就会削弱，而且最为精英的店长晋升区域老总后就会离一线更远，于是他想改变。他想改变为完

全扁平的门店管理架构，就是门店店长直接面向总部一个机构，而且他还不想让这个机构叫运营部，也不想给这些机构的人“封官”。他想叫教练组，每个进入的人一定是可以当教练，而且在他的专长领域一定是可以赋能到一线店长的。

他的这个想法太大胆了，管理者普遍不支持，如果是其他企业家可能会暴跳如雷，也可能会强力推进。然而我们见到的是这样一个场景：他把全部一线门店的三驾马车 —— 店长、厨师长和前厅经理，一共 150 人，加上总部的各级领导总共约 200 人，召集到密云培训中心的一个大教室里。

他提了五个问题。第一个问题：“大家不担心 A 级和 B 级店（海底捞门店按 ABC 由高到低评定分级），担心的是 C 级店吧？”“是的。”大家异口同声。他说：“好，请全部 C 级店的店长上台。”十来个 C 级店店长满面羞愧地走上前台。第二个问题问台上的 C 级店店长们：“你们想干好吗？”“老板，我们做梦都想干好。”这十几位还羞愧着的店长发自内心地响亮回答道。第三个问题问台下的干部们：“你们相信他们能干好吗？”“绝对能！”大家异口同声，响彻整个教室。第四个问题再问台上的 C 级店店长们：“如果没干好，你们会离开海底捞吗？”“坚决不！”同样的干脆和响亮。第五个问题问人力资源老总：“离开海底捞的人会把海底捞弄死吗？”“老板，我们历史上只有一位店长离开海底捞，他不但没说我们不好，还处处说海底捞好！”

这时张勇说:“我们三分之二的店是大家不担心的店，担心的店店长们做梦都想做好。你们全体也相信他们能做好，做不好就算降职也不走，走了也不弄死海底捞，我们还有什么可担心的？那我们为什么不做更有意义的改革尝试呢？而且这种改革也是为了让门店经营得更好！”

全体鼓掌，改革方案就这样全票通过。因为信任，信任暂时业绩不好的店长，信任每一个人都想要组织好，也因为彼此的信任，大家被紧紧地凝聚在一起，决策就这样在信任中快速达成，并因此成了海底捞组织模式的核心优势，支撑海底捞扩张到 1200 家门店的规模，一直到 2021 年才开始转变。

信任，往往被我们当作一个道德范畴的概念。所以，一旦放到道德范畴就很容易让人从价值观上产生抵触。但事实上，信任本身在商业活动中是一个让交易成本更低的关键要素。例如，当你与你的供应商经过长期的交易，建立了基本的信任，你们再续签时，就可以省去很多流程，例如招标流程、比价流程等，而完成整个流程是需要消耗更多成本的。同样，如果你的客户对你的品牌足够信任，那么你推出来的新产品他们一定会优先购买，并且选择你们的增值服务。组织里建构了信任关系，大家就容易就事论事，而不是在人事上耗费和纠缠。

商业、管理首先就是建构信任的过程，然而大家都在等待对方迈出信任我的第一步，我才会信任你。这种彼此防范的心理，就加大了交易和管理的成本，也牺牲了效率。百果园的“三无退货”、小狗电器的终身免费维修、德胜洋楼的报销不签字，都是自我主动地信任顾客、员工，而这些企业却收获了顾客的更大购买和忠诚、员工的更加凝聚和付出。

所以，善意可以传递出更大的信任，而信任最终让交易成本更低，这就是心力经营的魅力所在。

重构企业的完整资产

货币资产，也即是一个主体拥有的、可用货币形式直接表达的资产，这用现代会计制度的三大报表是可以很容易衡量和反映出来的。因为其本身是货币或可转化为货币，也就是财富，所以最为企业看重，也最为被追求。这是企业的第一大资产。

第二大企业资产是营业资产。这是一个相对隐性的资产，但它会直接影响货币资产，如客户资产。注重客户和客户交易，形成收入和利润等货币资产，是个企业都懂，但将其上升到资产的高度，却被无数的企业所忽视。今天的不少互联网企业通过这样的公式：收入 = 流量 × 转化率 × 客单价 × 复购率 × 裂变率，就是一种对客户全生命周期价值注重的进步。NPS 净推荐值就是在一个更高维度的客户忠诚度上，来扩大客户资产管理的方式。然而，最好的客户资产管理方式，应该是创造企业的客户资产表，对客户的价值用权益、负债和净资产的方式来衡量，就会是在 NPS 的百分比之上用货币形式表达的直观量化。只有客户，才有企业，也只有不断认可的客户，才有不断发展壮大和有价值的企业。

第三大企业资产是知识资产。即企业的专利、品牌、制度等，它还可能是通过企业体现出来的某种层面的标准和商业规则。尽管这可能只是一种无形资产，但它绝对体现的是企业的内在优势，并最终体现在营业资产和货币资产上。同时一个企业的知识资产水平，将根本决定企业的营业资产和货币资产结果，所以优势企业总是将投资和重心放在这里，这也是创新的要点和最高境界。

第四大企业资产是人力资产。人力作为企业资产，在今天已越来越为企业和商业所认可，特别是在体力供给短缺、脑力创造稀缺的时代。然而人不仅是企业资产的创造者，更应是企业资产的拥有者和分享者，这样人力作为一种稀缺资产才有可能最终做大整体企业资产和社会资产。所以人力就不再是一种手段，而是唯一目的。知识资产从根本上也是来源于人力资产的创造和输出。

第五大企业资产是心力资产，也可以称为精神资产。这是最高维度的企业资产，也是一切其他资产的动力源泉。人因精神而永生，也因精神而振奋。而精神就是心力的归宿处，也是人与人之间最为真切的联结处。所以重构企业资产的最佳发力处，就是做大企业的精神资产，将一个个具有体力、脑力差异的个体，聚集在共同的精神追求下，从而迸发出各自最大潜力的脑力和体力。

所以心力资产驱动人力资产，决定知识资产，产生营业资产，并最终呈现货币资产。而货币资产需最终投入和回馈到更为广泛的人与社会上，让精神永续和发扬光大，循环往复（如图 23 所示），这样企业就走在了心力驱动经营的长青之路上。

图 23　企业五大资产的关系

在这里，货币资产和经营资产就是“用”，知识资产和人力资产就是“相”，员工、客户、企业及企业所依托的社会就构成了“体”，而精神资产就是“意”之蕴含和作用，需要不断被提升与重塑，以永远走在符合时代与本体需要的轨道上。

五、心力驱动真正可传承

企业的真正可传承

创业者凭借自我独有的特质，率先开启创业，创立企业，并不断践行企业家精神，最终成为企业家，将企业带向一个高度。然而随着自身生命的规律或者企业新的发展要求，企业家终究会从自我创立的企业的掌门人的位置退下来，于是或主动或被动，总是需要新的继承人来延续和承接，接班人和传承就是一个不得不面临的企业大事。

西方商业具有几百年的历史，因而无论是家族传承或者企业传承，已经探索出了一套经验和方法。然而在中国这样现代商业还非常年轻的国度，加之企业家精神实践的截然不同，以及五千年农耕文明的底蕴，在第一代企业家谢幕之时，选择自己的后代进行接班仍是主要的传承方式。其实西方的第一代创业者也大多是这样，IBM 的老沃森之后，小沃森就很好地将 IBM 发扬光大，只是后来完全社会化和制度化了。

所以企业传承，通常会经历以下几道坎。

第一道坎是财富传承。日本采用长子制度，除长子以外的其他孩子都会被排除在继承权之外，自然家族传承的责任和经营权也就落在长子的身上，这也是日本百年企业世界最多的主要原因之一。而美国和欧洲的家族信托比较规范和发达，财富被集中于一个信托基金，仍属于家族，但不能被后代随意支取，而且信托基金的目的也非常清楚。所以美国是世界上百年企业第二多的国家，德国、荷兰和法国分列第三到第五位。所以按照西方的信托制度，财富传承最有可能，企业能否很好传承则未必。

传承的第二道坎是企业接班人。第一代企业家视自我创立的企业为第二生命，百般呵护，自然也希望企业像生命一样被延续。因而，发掘和培养接班人就成了企业家传承企业的必然努力，只是第一代企业家多会选择自己的直系亲属。但能够处理好这件事的企业不太多，问题往往就出在第三道坎没有过好。

传承的第三道坎是家风传承。因为中国的第一代企业家们将全部的心思和努力都放在了企业上，无暇顾及家庭和孩子。很多企业家创造了企业的辉煌，却使家庭残破，于是只能用金钱和优越的物质条件去回报家人和孩子。然而缺乏严格家教和家风传承的下一代，往往根本没有具备做接班人的价值观塑造和作为企业掌门人的素养历练，所以很多接班人失败，甚至亲手毁掉父辈创立的企业。接班人传承很难，根本原因就在于两辈的撕裂和家风传承的失败。

有了良好的家风和传承，符合社会伦理和道德规范的素养就会一代一代延续，并投射到企业经营和商业之上，于是商道传承的第四道坎就能轻易跨过，企业的传承就水到渠成。

这从中国著名的乔家大院可以一窥精妙：

经商之道：人弃我取、薄利广销、维护信誉、不弄虚伪。

儒商之道：以信誉得客、以义得人、信义为先、利取正途。

用人之道：不拘一格用人才。

治家之道：一不准吸毒，二不准纳妾，三不准虐仆，四不准赌博，五不准冶游，六不准酗酒。

所以，走出简单的财富传承，始终注重家风传承，并通过商道精神的传承来延续接班人传承，是最可靠、最可行，也最为久远的传承。这种传承本质上是符合社会心力的链接与扩展，自然就是心之本体上的生发，生生不息，而又延绵不断。

企业家的归宿：三家合一

立功、立德、立言，曾国藩称之为三不朽，那么作为企业家如何实践？

首先立功，成为企业家。按照商道精神，起码不作恶，不因获取企业的自身利益而伤害客户、供应商、员工和社会。同时做出符合企业不同发展阶段的匹配规模、生存规模、竞争规模和发展规模，抵抗风险，健康向上。也只有健康的规模，才能承担起码的员工幸福保障、提升发展和企业的再投入。所以，立功是企业家的基本责任，也是第一要务，不能偏颇。

然后立德，成为慈善家。明白企业家只是社会财富的受托者，而非终极拥有者。商业本就是解决社会问题，企业所面对的领域终究有限，社会弱势人群的存在可能远超出企业的领域和能触及的范围，然而对他们进行力所能及的帮扶和救助，应是企业家所要努力践行的。

曾经和三全食品的创始人陈泽民老先生进行过一次精彩的对话。他说 50 岁时从三甲医院的副院长位置上辞职，开始第一次创业，发明了世界上的第一颗速冻汤圆，并因此成了速冻食品的行业第一。在 76 岁高龄完成企业的交接班之后，竟然开启了第二次创业，这次他选择的是地热发电，也就是到地球 1 万米深度取热，来填补中国的新型清洁能源。对话中谈及商业模式和风险时，他淡然说道：我已经投入了上亿元到这个新领域，并且会持续投入下去，因为这是一个新事物，中国得有人去开发。如果哪一天真的失败了，我直接把它无偿献给国家就好了，有什么可害怕的？而且财富本就带不走，我这么大年纪了，还惦记什么。这就是企业家的立德，将财富视为取之于社会，回馈于社会。

如果企业家在完成立功之后，真能这样走向立德，在真的无法完成传承之时，捐献到最需要帮助的地方，岂不更受后人尊敬！

最后立言，成为教育家。企业家无疑是辛苦付出的，但同时也是最为“奢侈”的，是在用少则几千万元，多则几亿元、几十亿元的资金投入，几百人、几千人，甚至几万人的员工历练中成长起来的，对商业、人生和社会有最为深刻的经验和认知。如果完成自我心力的开启，对心力经营有更早的觉醒和深刻的实践，如同福耀玻璃董事长曹德旺那样，自然是极好的教育家。所以当他拿出首期 100 亿元人民币创办福耀科技大学时，也最是激动人心、为社会所称颂的，这是最高层次的社会回馈。教育是最高级的人心教化与商道精神的传承，更是延续心力资产的有效形式。

因为教育家可以像祖先那样为我们留下可传承和称颂的资产：开发过的土地、建造的公路和建筑物，我们的传统、哲学、科学和艺术，以及我们处理问题的技能，而这一切成果都是建立在对人类幸福有所贡献的基础上。所以，它需要有这样作为教育家的企业家或人们建构与实践生活和工作的意义：增加对别人及社会的兴趣，促进合作，为人类做贡献，也就是创造真正可传授和被认可的社会遗产，这在与弗洛伊德、荣格并驾齐驱的三大心理学家之一、个体心理学创始人阿德勒的巅峰之作《自卑与超越》的第一章里已明确表述。曾国藩自我践行并开创三不朽的故事，留下著述和至理名言，从而被我们学习和仿效，更是最好的例证。

企业家、慈善家、教育家，三家合一，立功、立德、立言，就是企业家的三不朽，也是企业家的最高归宿。

当然这三者不是一定有先后，也可以起点即巅峰，一开始创业就沿着其中两条或三条去实践，如商业与公益的直接结合就是现阶段企业的最高形式之一 —— 社会企业，这在后续的章节中会进一步谈到。

在“意”与“根”之上的家族传承

一位美国学者在1900年做了一项研究，追踪两个家族，8代人，200年以来的繁衍发展，写成《Jukes-Edwards》一书。

一个是尤克斯Jukes家族。人口数903人，其中：310位流氓，130位坐牢13年以上，7位杀人犯，100位酒徒，60位小偷，190位妓女，20名商人，其中10位是在监狱学会经商的。

这个家族信奉无神论，也无什么敬畏心，他们认为：老天爷算什么，我才是最大的，没有我不敢做的！

另一个是爱德华兹Edwards家族。人口总数1394人，其中：3位议员，一位副总统，100位大学教授，14位大学校长，70位律师，30位法官，60位医生，60位作家，300位牧师、神学家。

爱德华兹家族信仰基督教，一直坚守两颗种子：向善和爱的种子，以及敬畏的种子。

两种不同家风，完全不同的传承结果，竟深刻影响着家族8代人。这就是心力中“意”之于“相”和“用”的显著而不同的结果，这也是为什么我们在前面谈及企业真正可传承的是商道精神，以及背后掌门人的家风传承。

在企业家画像一章中，我们也谈到其外在能力图谱以及内核构造中都涉及一个“根”，在这里就是“意”，映射到家族传承中就是家风。所以，真正的家族传承就是在修“意”上，让家族在符合“道”的根上去修炼和传承。

这个“道”就是社会普适的善恶标准。按照佛教八圣道的解释，就是：正语，讲正当的语言；正业，行正当的行为；正命，从事正当的谋生和职业；正定，正确的专注；正念，正确的觉知；正精进，正确的努力；正思维，正确的思维；正见，正确的知见。所谓正当和正确，就是“作为人，何为正确”的起心动念。

按照中国文化的底蕴，就是“仁义礼智信温良恭俭让忠孝廉耻勇”。但细分到一个家族、一个家庭，未必需要 15 个字都具备，但一定要有一个方面最为根基和深邃。这个方面表现出来的就是家族“意”之种子。

张忠良先生，浙江中兴精密工业集团有限公司的创始人和董事长，在其家风传承中体现得最为关键的“根”字就是“孝”，这也是他身上最为淋漓尽致的“意”。为了很好地陪伴自己的父母，他坚持几乎每天中午和晚上都回家陪父母一起吃饭。在他创立公司首次股票上市开始感到飘飘然之后，也是“孝”把他拉回正轨，并从此开始以“孝道”重塑“商道”，将“孝文化”作为企业文化的底色进行全面的重塑。

每年夏季，他会把职工的孩子组织到公司的教室里进行中国文化的教育，并定期让这些懵懂少年给父母集体端洗脚水洗脚，感动得每个员工都潸然落泪，并从此更加孝敬父母，从而更好地敬畏工作、敬畏客户、敬畏员工、敬畏质量、敬畏成本，延展到敬畏社区、敬畏环境，每周都会组织上千名员工对社区街道、环境进行义务扫除，将环境清理干净和整洁。

以“孝”字入手，家庭建设、企业发展、子公司的总经理以及集团的接班人计划都井井有条地开展着，这就是家族可传承，进而扩展到企业的可传承。

六、走向心力觉醒的六字诀

心力觉醒，次第花开

心由于远离了“用”和“相”，并且中间还有“意”，所以心很难被理解和捕捉。另外，由于“用”和“相”给我们带来的官能体验和精神愉悦，直接而深刻，我们很容易沉迷其中，而忽略心。

然而前述这一切的美好不会是自然而然就发生的。它需要身心合一的觉醒，也就是在瞬息万变的“意”之流动中，捕捉到每一个起心动念，并能快速让其回归到善念和利他的轨道上。然而这在习以为常的以“我”为中心的惯常中极为不容易，下面的六字诀可以引导我们的觉醒之旅。

（1）离

不想被当下的情绪所裹挟，不想再重复以前的痛苦和记忆，不想再像以前那样生活和工作，不想重复上半场的人生，不想再像以前那样经营企业和赚钱的方式，这都是“离”。“离”意味着想要开始新的旅程，恭喜你，你就在觉醒的路途上了，离即觉。小离小觉、大离大觉，只要离，就是自明的开始。然而，欲开启全新的生命觉醒或商业觉醒，需要大离，如同我 43 岁的“三不做”发誓、与人生上半场的决裂、与商业 1.0 时代的决绝远离。

（2）静

“离”只是一个当下的断念，并不意味着可以开始新的行动，否则就十分可能是隐藏的习气让你起新的习性反应，进入惯性循环。如同前几章节反复谈到的“U 形穿越”，觉醒是一个漫长的历程，需要穿越的耐心和耐力。这时“静”就是重要的功夫。“静”就是要从纷繁的狂热外求中，回到恬静的内心世界，反者道之动，回到心的本体上。然而身体与外部世界的接触是停不下来的，眼耳鼻舌身五识的感知也是停不下来的。唯有断除欲念，严格自律，才会真正开启向内的静定功夫。所以要做减法，减少让自我生乱和不安静的人、事和环境。

佛教八圣道的正语、正业、正命就是严格自律的三大尺度。正语就是讲正当的语言，不说不干净的话，如说谎、搬弄是非、背后中伤和诽谤他人、说话尖酸刻薄、飞短流长等；正业就是行正当的行为，不做伤害自己和他人的举止。正命就是从事正当的谋生和职业，不害人，也不促使他人害人。

静，不是不出门，不是不与人打交道，它是促使内心的恬静和安宁。禅修、内观、打坐是修静，快走、马拉松、游泳也可以修静，总之不让大脑飞速运转、念头乱蹦的都是静。

静是功夫，静也是对大脑的断食。

（3）定

情商之父丹尼尔·戈尔曼，在其巨著《情商》一书中指出，人的大脑既有“好领导”，也有“坏领导”。

前额皮层是实现自我调节的主要神经区域，也就是“好领导”，把我们导向最佳状态。杏仁核是苦恼、愤怒、冲动、恐惧等情绪的触发器，一旦杏仁核神经回路接管大脑，它就是“坏领导”，导致我们采取事后感到后悔的行动。

杏仁核是大脑探测威胁的雷达。大脑的功能是保全性命，因此大脑的构造决定了杏仁核享有特权。一旦杏仁核发现威胁，它可以在瞬间控制大脑其他区域，尤其是前额皮层，这种现象就是“杏仁核劫持”。杏仁核通常只接受少量信息，未待理性大脑摸清情况做出正确分析，就要立刻做出反应。于是在其指使下，身体就行动了，伤害和后悔也就产生了。

杏仁核劫持本质上也是习性下的应急反应，一旦觉得对自己不好的就视同为威胁，于是就拉警报、起反应、出行动。

我们生命中所体会到的每一件事，都是自己的行为所导致的结果。所以，只要我们能主宰自己的行为，就可以主宰自己的命运。

只有在静中，你才有能力对应急反应按下暂停键。

首先，人在静中，就可能不再那么敏感，不会视一切不好的言行为冒犯、危险，从而杏仁核劫持根本就不会发生。

其次，在静中，一旦杏仁核被劫持，你就会意识到，马上来个暂停，默念别生气，数个1、2、3，愤怒就会绕过杏仁核进到前额皮层，理性重又占领上风，于是愤怒烟消云散。

最后，在静中，通过不断这样反复按下暂停键去阻止习性反应和杏仁核劫持，就会把心练得专注，让定力增强，我们会感受到轻松、喜悦、充满活力。这就是佛教说的“正定状态”。

我们每天的工作和生活，离不开与他人打交道，最大的“定”来自对自我执念的放下，升起谦卑之心。因为谦卑，你看到的不再是伤害、危险，自然极力回击的念头就会被阻断，习性反应和杏仁核劫持当然也就不会发生了。

（4）观

在正定的状态下，我们可以感受到心不离身、身不离心的平和状态。这时我们的觉醒旅程可以进入“观”的层次。

电影一秒是24帧，哗的一下，24个画面就过去了。“观”就是对自我起心动念去放慢镜头，让它一帧一帧变慢，以便我们能观照这些起心动念的主体，是“我”还是“他”?

这种观的功夫就如同探照灯，如同扫描的雷达，不断检视自我的起心动念，是唯我、以自我为中心，是利己、贪嗔痴慢的作用？

同时借助观的功夫，进而观想，这个唯我和利己，对念头其他关联者的作用是什么？影响是什么？造成的伤害和损失又是什么？这样的损失值得吗？我会因此而心安吗？

日常一天，我们会遇到许多生活和工作上的事情，要触发我们动心思、去思考、去决策、去解决。而“观”的功夫就是要我们针对每一次的心思能观其有、观其出发点的主体、观其结果的利益主体。如果只是“我”，就要明白又被习气所绑架和引动了，这就是对镜观照。

这样的观照，没有前面的“静”和“定”的功夫，是绝无可能。所以，静而定，定才可以观，这是觉醒功夫的次第。

（5）转

观的目的是翻转，从“我”翻转向“他”，转向他人和大众。让我们自己的一切起心动念都翻转到关注他人的需求和利益，以及在这个念头中我需要做出什么付出和努力，以真正满足他人的需求。

这样以他人为出发点的翻转，在商业上就是客户思维，一个以客户为出发点的企业，就会让客户与你站在一起。拥有客户，不就拥有市场了吗？

在生活上，以他人为出发点，就是至善，就是利他，利他犹如暖流，温暖他人，也温暖自我。

（6）觉

经由离、静、定、观、转的艰难穿越和次第往复，突然一天，我们终于翻过了自私念头的束缚，走出了“末那识”的绑架和轮回，留给心体的终是善的种子，也终将开出善念的花朵。

也走出了孤独、苦闷的事业低谷，原来利他，还有如此多的追梦者同行，事业竟然还可以如此超乎想象。

更走出了人生的狭隘与拘囿，开始体会到静、定、空、慧的人生境界。心力觉醒，次第花开。

不经历风雨，哪能见彩虹

双眼微闭，伸直脊柱，下颌微含，盘上双腿，一点一点调慢呼吸，一天中最幸福的时刻又到了。尽管刚开始还有杂念在纷飞，只是不断调转回一呼一吸上。慢慢地，没有了大脑的飞转，也没有了工作和生活上的牵挂，只是一个愉悦、沉静而又充满温暖的静笃世界。

四十分钟就在这样的美妙中静静地度过，得到的就是随后一天涌流般的心境状态，工作更加富有创造性，生活更加祥和，身体也越来越有活力。

第七个年头了，这已成为一种生活方式。每天，每个重要的讲课、会谈开始之前，甚至一个重要创作的困顿之时，我都会按照这种自我修炼方法来安静自我、来积聚力量。

从这里我体悟到了心力唤醒的奇妙，让我越来越触碰和感受到了“健康的身，笃定的心”所呈现的生命状态。同时也体悟到了高维的思维模式，于此我更感受到了“每个人内在都有一个等待去开启的智慧宝藏”。以至于今天遇到困顿，我首先会选择这种方式来寻求突破，不再像以前那样绞尽脑汁，因为脑的局限往往会将我们导入错误的方向和世界。

今天无论东方还是西方都崇尚修炼，或称之为修炼的功课，种类不一而足，有禅修、冥想、内观、打坐等等。不求形式，只求自我适合，找到那个能让自己静下来，回到打开自我心世界法门的那种方式，仅此一种就足矣。并由此养成一种新的生活方式，打开内在的智慧，走向利他的生活，开启心力生活、心力工作、心力经营、心力商业、心力社会。

在这个自我修炼的路上，我们一定要相信相信的力量，这种境界是一定可以达到的，只是我们要坚持。人生的主要工作就是自我修炼，这么说，一点不为过。达摩是禅宗先祖，他极为推崇不管是参禅还是练舞，每天的生活都应是一种自我修炼。修炼离不开生活，生活离不开修炼，就是所谓的参悟合一，参禅习武，习武参禅，而这恰是禅宗的核心所在。

自我修炼的生活也一定会自我回报多多。就如大型纪录片《上下五千年》所描绘的那样：唐宋诗词之美，冠绝天下。像李白、杜甫、白居易、王维等唐代诗人均有参坐打禅、做禅意画、修行的习惯。宋代很多文人也亲信禅宗，强调思辨和轻虚感，力求将禅机融入诗词、书画的意境之中，他们优游山林，与禅僧交友，其诗文书画往往浸润佛教的思辨和禅宗的机锋。借由禅修开启颠覆式的创新，最为商业所推崇。

然而自我修炼的最终目的，是要回到追寻人生意义上去。《原则》的作者瑞·达利欧（Ray Dalio）这样说：今天的每个人都只是约 70 亿人类中的一员，而人类又只是地球上约 1000 万物种中的一个。地球只是银河系约 1000 亿颗行星中的一个，而全宇宙有约 2 万亿个星系。人的寿命只是人类历史的约 3000 分之一，而人类历史又只是地球历史的 2 万分之一。我们渺小、短命得不可思议，无论取得什么样的成就，其影响都是微不足道的。同时，我们又本能地希望有意义，希望进化，而我们只能产生一丁点儿意义。但这些一点点的意义加起来，是人类进化的推动力。

我们觉醒的意义更要根植于与他人的链接和利他的基础上，或者说，利他是意义的全部。正像钱穆先生《人生十论》所描绘的：心走向心，跑得愈远愈深，会愈见亲切，愈感多情的。因它之所遇见，不是别的，而还是它同类，还是它自己，这一心。心遇见了心，将会仍感是它自己，不像自己浪迹在他乡，却像自己到处安顿在家园。于是一人之心，化成了一家心。一家之心，化成了一国心。一国之心，化成了天下心。天下人心，便化成了世界心与宇宙心。心量愈扩愈大，它不仅感到己心即他，而且会感到我心即宇宙。正是“如何安放我们的心”，对心力觉醒的最高诠释。

乔布斯留给世人的是他颠覆式创新的精神和产品，“遗憾的是，禅修未能使他产生一种禅意的平静或内心的平和，而这一缺憾也是他遗产的一部分”，“当他伤害别人时，并不是因为他情感上意识不到。正相反，他可以把人看透，明白他们内心的想法，知道如何随心所欲地结交他们、诱惑他们、伤害他们”。他创造了市场，再造了苹果，也改写了人类的智能生活方式，然而对于身边人的缺憾却是永远的。

生命的唯一目的就是觉醒。

如果爱神不能唤醒你，那么生命就会用痛苦来唤醒你。

如果痛苦不能唤醒你，那么生命就会用更大的痛苦来唤醒你。

如果更大的痛苦不能唤醒你，那么生命就会用失去来唤醒你。

如果失去不能唤醒你，那么生命就会用更大的失去来唤醒你。

生命会用生命的方式，在无限的时间和空间里，不停歇地唤醒，直到你醒来！

人一旦醒来，就会感受到身心合一、人事合一的愉悦和自在。

你会在自我、他人和世界的和谐中，因无限利他而心力满满。

没有遗憾，没有痛苦，装满的总是无尽的欢乐与喜悦，这不是人生最为圆满的终结与归属吗？！

然而，觉醒不是一刹那的顿悟，特别是对于习惯了雇佣体力和脑力资本经营的企业家们而言。华为 CEO 任正非为了保持自己的觉醒力，走过了常人无法想象的历程，甚至长期忍受着极度孤独而压抑的精神状态，因为他们在修炼起心动念和保持善心本体中，始终恪守了圣徒般的磨炼和坚守。但正是这种长期的自我心力觉醒，开启了整个组织的心力经营，并收获了其他企业家所不可企及的非凡成就。

不经历风雨，哪能见彩虹？！

【伍】

畅想：人类商业文明的穿越

中国用四十多年的时间，现代商业就直接与西方发达国家接轨了。仅仅四十多年的中国企业凭什么来引领中国在世界崛起中的人类商业文明，古今、中外又一次交叉在了十字路口。

技术逐步替代体力和脑力的步伐越来越广泛和快速，大公司驱动的向上科技像加足马力的发动机在飞速前行，但人类对大公司的好感并没有因为商业向上的高速增长而增加。

如果持续偏离向善的方向，人类被毁灭基本是大概率事件。

经由企业家开创的企业的大幅度和高速度运转，财富不断倍增。在货币资产之外，衡量企业家的价值又该增加哪些新的维度?

相比于其他资产，心力资产才是最可以传承与最高层次的。在科技向善，商业向善，商业觉醒中，人类才可以真正完成向新商业文明的穿越。

一、“向上”商业遭遇空前挑战

人类历史演变加快

自宇宙大爆炸以来，宇宙已有 138 亿年的历史，这中间发生的演变和事件无以数计，也难以想象。

著名科普作家、天文学家卡尔·萨根在《伊甸园的龙》一书中做了这样一个换算。他把宇宙 138 亿年压缩到 1 年的时间，惊人地发现人类有历史以来，最为重要的事件都发生在最后 24 小时中不到一秒的时间里。

在这不到一秒的时间里，发生了：人类进入农业社会，新石器时代开始，人类有了第一个城市，第一个朝代西亚古国及埃及诞生，字母表被发明，第一个帝国诞生，巴比伦的《汉谟拉比法典》颁布，青铜时代，特洛伊战争，指南针发明，铁器时代和以色列王国诞生，印度阿育王朝、中国春秋诸子百家诞生，欧氏几何、阿基米德物理学、托勒密天文学、古罗马帝国诞生，近代科学技术的诞生，信息技术，人工智能，生物医学，等等。

可见人类社会的变化已经变得越来越快。

宇宙演变历程中，人类历史也经历着重大的演变。以色列历史学家和作家尤瓦尔·赫拉利（Yuval Harari），在《人类简史》一书中，将人类的发展概括为五个主要的阶段，经历了不同的革命，也给人类带来了深刻的历史变迁。

这五个阶段分别是：

第一阶段，7 万年前的认知革命。

人类开始用火来烹煮食物，从而登上食物链的顶端。描述虚拟故事的语言出现，人类开始沟通、想象和合作，并显著区别于其他动物。从此人类超越基因演化，进化到文化演化，历史学也开始了。开始出现宗教，商业和社会开始分层，出现等级。

第二阶段，1.2 万年前的农业革命。

人类开始驯化动植物，出现永久聚集。出现城市、王国和帝国，文字和阶级开始出现。随后衍生的货币秩序、帝国秩序和全球性宗教，让人类在宗教、国家和货币的范畴里融合统一。

第三阶段，500 年前的科学革命。

人类承认自己的无知，开始取得前所未有的能力。在这个时期，科学与帝国主义联姻，信用催生信贷，让现代商业开始萌芽。欧洲开始征服美洲和各大洋，资本主义真正兴起。

第四阶段，200 年前的工业革命。

资本主义和消费主义伦理互动下，“投资”与“购买”双轮驱动，社会效率显著提高。在这个时期，家庭和社群完全被国家和市场取代。

第五阶段，现在和未来的超人革命。

人类已经开始脱离地球的疆域，到达月球，并探索火星等更为遥远和浩瀚的宇宙。克隆技术，基因排序，生物可以被智慧设计，而非自然选择。机器超过人脑，人类开始畅想长生不老。

人类超乎想象的创造力在大幅提升，同时人类自我毁灭的危险亦在加剧。

人力资源的演变

人类历史进程中，推动演变的人力资源也在悄然发生着变化。

在原始社会，人类显然是依靠体力和体力劳动，来维系自身生存和社会进步。获取食物、猎杀动物、灭绝其他人族，从而让智人存活了下来。在农业社会，体力和体力资源仍是人类与自然发挥作用的统摄力量，也是人类作为资源可以反复利用的资本，那时人员的数量和体力强大与否就构成了社会财富创造的根本。

直到工业革命，脑力开始发挥巨大的人力资源价值，走上驾驭和统摄体力资源的新阶段。这时少数具有思想、创造和发明的人，通过科学、技术和机器，让人力资源得到极大的释放，社会财富也开始成百上千倍被创造。

社会财富的增加，必定带来社会文明的进步。教育水平和人类智力水平也得到进一步的提升。按理说人类的脑力资源应该成倍增加，但事实却是，由于国家和社会制度边界的影响，人类智力并没有同步得到整体提升。发达国家人口出生率大幅下降，甚至出现负增长。发展中国家随着财富和文明程度的不断提升，出生率也是由高向低。欠发展国家虽然人口基数在不断增大，但教育水平并没有得到显著提升。

所以，在这样一对矛盾——质量与数量的矛盾中，脑力主导的新历史时期遇到了新的人力资源瓶颈。

体力被机器人取代

有这样一个小故事至今让我记忆犹新。

大概是2008年，我被要求参加公司的一个全球电话会议。拨通电话，报上员工ID号，语音端要求报备是来自哪个Office。Beijing，我对着话筒回答。最简单的英文发音，对方竟然听不懂，重复三遍也没成功。这可是从来没有过，再发音不准，重复一遍，对方总能听出来。这次是怎么了？硬是没能加入会议成功，最终通过拨打秘书电话，被邀请才加入进去了。后来我才知道正是从那次开始，公司全球的电话会议接线员全部改成机器人了。那一刻，我知道机器人取代人的序幕拉开了。

今天被机器人取代体力，已是越来越广泛和不可阻挡了。

据《纽约时报》报道，在2030年有8亿人会被机器人所取代。京东CEO刘强东2018年讲到，在未来3～5年的时间内，给每家送货的将全是机器人。而且机器人将会取代整个京东 5 万人岗位中的 50%。

英国广播公司（BBC）基于剑桥大学研究者 Michael Osborne 和 Carl Frey 的数据体系，分析了英国 365 种职业在未来的“被淘汰概率”，图 24 是淘汰概率在 50% 以上的职业分布情况。

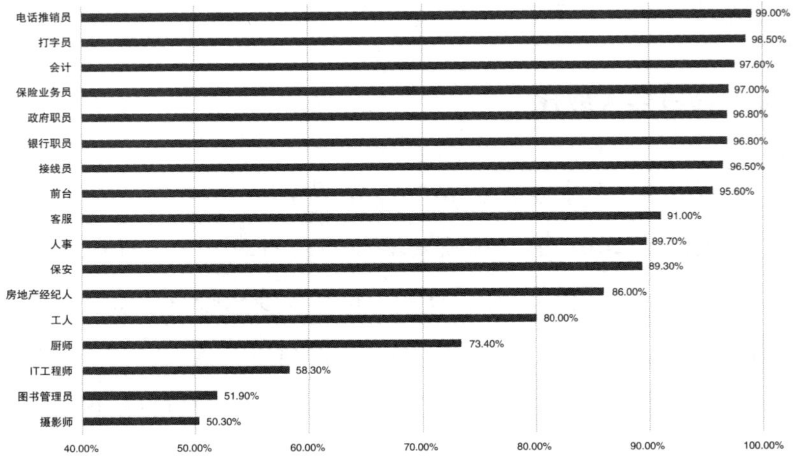

图 24　BBC 预测未来淘汰概率在 50% 以上的职业

日本在规划机器人产业战略时，更是大胆预测，到 2040 年，世界人口将达到 100 亿，同时将会有 300 亿个机器人在服务这 100 亿人类，也即平均有 3 个机器人在为 1 个人类提供服务。

今天，无人工厂、无人餐厅、无人超市都是我们耳熟能详并可以眼见为实的，而且正作为前沿榜样被无数人追随和效仿，可见体力被机器人取代的范围和力度将是多么的深刻和迅猛。

脑力被人工智能超越

不仅过去为我们创造财富的体力被机器人所取代，体力资本被不断地削弱，同样带领我们开创想象、开创思维、开创未来的脑力，不仅受到不均衡的出生率和教育程度导致的总量供给不足的严重制约，同时也在被人工智能超越。

1997 年 5 月 11 日，一台名为“深蓝”的超级计算机将棋盘上的一个兵走到 C4 位置时，人类有史以来最伟大的国际象棋名家卡斯帕罗夫不得不沮丧地承认自己输了。20 世纪末的一场人机大战终于以计算机取胜告终，成为人类历史上人机大脑对抗第一次大事件。

如果说 IBM 的“深蓝”还是个超级计算机的话，那么 2016 年 3 月，谷歌研发的 AlphaGo 挑战难度更高的围棋，并且以总比分 4 比 1 战胜围棋世界冠军、职业九段棋手李世石。2017 年 5 月，在中国乌镇围棋峰会上，它与排名世界第一的世界围棋冠军柯洁对战，以 3 比 0 的总比分获胜。这次完全是人工智能控制下的机器战胜了人类排名第一的棋手。而且 AlphaGo 还具有深度学习的能力。

《时代周刊》封面人物库兹韦尔，被比尔·盖茨称赞为“预测人工智能最准的未来学家”。在过去 30 年，他对未来预测的准确率超过 86%，他将自己几十年来对人类以及机器的未来的思考结集成书《奇点临近》。他说道：“由于技术发展呈现指数式的增长，机器能模拟大脑的新皮质。到 2029 年，机器将达到人类的智能水平；到 2045 年，人与机器将深度融合，那将标志着奇点时刻的到来。”

当机器人的智慧超过脑力的时候，人类会是什么样？不敢想象！

向上的商业可以无限制发展吗

体力被机器替代，脑力被机器大脑超越，向上的科技，无尽的发展，速度越来越快。科技再经由商业的扩展，人类的生活越来越超出我们的想象。

回想 20 世纪 70 年代，物质财富匮乏时，我们的想象是楼上楼下电灯电话，那个场景是多么令人向往。结果改革开放没几年，梦想成真了。

记得 90 年代初，刚大学毕业时，工资挣得紧巴巴的，时不时就幻想一下：像咱们这样的老百姓，这一辈子是不是也可以拥有自己的房子、开上自己的汽车？想想都觉得不可思议。然而不到 20 年，房子和汽车已成了普通人家的基本配置。

再有后来的手机，互联网，无不成为日常人家的生活必备品，就连智能设备和云存储这样听上去还有点高科技的玩意儿，也在我们的生活场景不断出现，并慢慢变成人类的基本生活品，如智能电视、扫地机器人、云照片、云音乐。

今天躺在床上，点按几下手机，甚至慢慢地，连按都懒得按，声音甚至瞳孔转动就能驱动智能手机程序，热气腾腾的饭菜立马就可以送到你的身边，伸伸手、动动筷子，就可以大快朵颐。

购买衣服可以不出门，站在人体摄像机前转个身，远程的裁缝就能知道你的三围和各种服装所需要的尺寸，并迅速用计算机模拟出你想要的衣服的样子，还能够马上就做虚拟试穿。

出门就用网络打车，住宿可以在网上找到世界各地你想要住宿的房间，还可以选择你的房东是不是你所喜欢的人群。

向上的商业，让人变得越来越不行动，越来越不思考。向上的商业还可以让技术发展到造出比人还要智能、还要聪明的替代品。

这样向上的商业无限制地发展，会让人类变成什么样呢？你敢想象吗？

世界正被大公司所控制

从 2019 年的数据来看：

美国：《财富》评选出的美国 500 强企业，总收入达到 13.72 万亿美元，超过美国当年 GDP 的 2/3。

世界：《财富》评选出的世界 500 强企业，累计实现销售收入 32.7 万亿美元。据 2019 年 6 月底，世界银行正式公布的 2018 年全球及各国的经济数据，全球 GDP 总量高达 85.791 万亿美元。那么世界 500 强企业总收入超过全球 GDP 总量的 38.1%。

中国：据中国企业联合会、中国企业家协会发布 2019 年中国企业 500 强数据，500 强企业营业收入总额达 79.10 万亿元。以 2018 年国家公布的中国 GDP 总量 90.03 万亿计算，中国 500 强企业收入超过全年 GDP 总量的 87.86%。

显然大公司正控制着世界的经济，而且这个趋势仍在逐年扩大。

还是看 2019 年的数据：

美国 500 强公司总收入较 2018 年增长超过了 7%，总利润涨幅超过 13%。远远跑赢了当年美国 GDP 2.3% 的增长速度。

世界 500 强企业销售收入和利润相对于 2018 年，分别同比增长 8.9% 和 14.5%。远远跑赢了当年全球 GDP 6.06% 的增长速度。

中国 500 强公司总收入增长了 11.14%，利润总额增长 20.7%，资产总额增长 9.08%。远远跑赢了当年中国 GDP 6.62% 的增长速度。

集中，垄断，大公司积聚的势能，可以获得小公司难以企及的利润，世界也越来越被大公司所控制。

2019 年年末的世界市值前十大公司中，有 7 家是科技公司。

今天，互联网领域的创业已经变得越来越困难，有这样的说法：只要一个新的创新，一旦被互联网巨头所瞄上，只有两个结局，要么你归到他们的麾下，成为他们整个体系中的一员；要么就是他们自己投资来搞，直到把你挤垮，最终还是他们获胜和拥有。再看今天所谓的独角兽公司，背后无不是大公司或大资本的影子，或参股或控股。

中国本是一个以制造业和全球制造产业链著称的实业大国，但是今天如果翻看有数据可查的上市公司年报，从 2019 年年报利润占比看，银行全部 A 股净利润达 39.7%，其次是工业、房地产，分别占比 12.4% 和 7.6%，能源占比 7%，可选消费占比约 5%，信息技术行业占比 2.6%。

对比美股上市公司 2019 年年报净利润占比，第一是信息技术占比高达 19%，第二是多元金融占比 11.3%，第三是可选消费占比 10.9%，银行占比也仅在 10.8%，工业占比为 9%，各行业之间发展都比较均衡。

在中国，中小企业被称为具有“五六七八九”的典型特征。贡献了 50% 以上的税收，60% 以上的 GDP，70% 以上的技术创新，80% 以上的城镇劳动就业和 90% 以上的企业数量。

邵明路先生在为《旁观者：管理大师德鲁克回忆录》一书所作的推荐序中，这样记录了德鲁克老先生的一段谈话。德鲁克先生说：“中国固然需要大公司和领导它们的精英，但中国像任何国家一样，90% 的组织将是中小型的和地方性的，它们必须发挥作用，单靠大公司，不能提供一个健康社会所需要的各方面功能。中国最大的弱点是作为一个大国，没有足够的受过高等教育的人，但你们有一大批能干的人，这些人在实际磨炼中学会了怎样在极其困难的条件下生存并取得了成效。他们可能只受过普通教育，也不是特别聪明和优秀，但却知道如何精巧地处理事情。这样的人可能有几百万，他们可以领导那些中型、小型和地方性的组织，他们将建设一个发达的中国。”

大公司不被信任的魔咒

公司越大，对社会的贡献力也就越大。公司越大，就越被信任吗？这一点可以看看美国的数据，如图 25 所示。

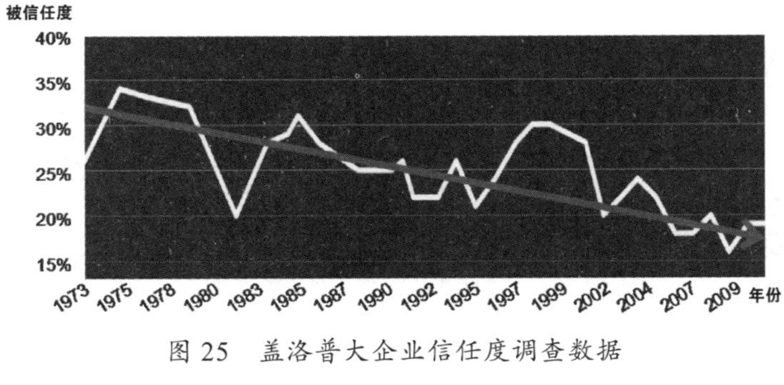

图 25　盖洛普大企业信任度调查数据

这是一份来自盖洛普针对大企业的信任度调查数据。在过去 30 多年间，大企业的信任度垂直下滑，从 1975 年的 34% 下滑到 2009 年的 16%，而同年美国国会被信任度还有 17%。

中国尽管现代商业历史还不长，真正的大企业历史也尚短，但大公司被诟病也日益突出。

创立企业，毕其全力追求做大做强，可做大做强了，并未向善，并未获得大众的信任。那么向上的商业的意义和目的又在哪里？

人类的脆弱

新冠肺炎疫情 2020 年全球暴发，到 2022 年，已是第三个年头。

人类经过数万年的进化，体质和寿命已是极大提升，向上的科技也是达到人类历史新的高度。但尽管这样，面对自然的病毒的变异，人类强大的科技竟然显得无能为力。

在澳大利亚，人类的一个小失误造成的火苗，竟然从 2019 年 9 月烧到 2020 年 2 月，最终是靠老天爷的一场大暴雨才被浇灭。山火过火面积达 1200 万公顷，相当于 12 万平方公里。这场大火造成约 12.5 亿只野生动物直接或间接死亡。据澳大利亚国立大学一项调查发现，约 78% 调查对象受山火间接影响，包括暴露于烟雾、被迫改变出行计划、朋友或家人财产受损或受威胁。调查称，间接受影响人数超过 1800 万。主导调查的教授尼古拉斯 · 比德尔说：“这些影响将伴随我们不少人多年。”

根据数据统计，澳大利亚这场山火排放到大气中的二氧化碳已经达到了约 4 亿吨，是全球 116 个国家一年的碳排放量。山火之后，澳大利亚又遭受 20 年不遇的大洪灾，真是祸不单行。

同样在 2020 年 2 月，“飞蝗蔽天，禾草皆光”这一历史罕见的蝗虫灾害，肆虐在东非、西亚及南亚国家。4000 亿只蝗虫不断东进，多国宣布进入紧急状态。蝗虫种群繁殖速度呈指数式增长，9 个月后会增长 8000 倍，每天可以飞行 140 千米以上，它们疯狂地吞噬庄稼和植被，所到之处只剩一地狼藉。光是一个普通的种群，每天可以摧毁多达 2500 人的口粮。

造成这一灾难的原因是气候变化，是干旱的气候，为蝗虫的繁殖提供了温床。好在迁移到印度时，基本被消灭，才没有对人类造成更大的损失。

新冠病毒、美国流感、澳大利亚山火、非洲蝗虫，仅仅是在半年时间，就给整个世界带来了极大的灾难，造成了极大的负面影响。疫灾、旱灾和涝灾，是人类多年来面临的三大自然灾害。

今天，人类还面临更大的考验，气候变暖、海平面上升、水空气和土壤污染、人类疾病等各种不期而遇的灾害，即便在科技高度发达的今天，让人类更显渺小。

同样在核武器、战争和国家相互冲突之间，人类仍未停止彼此竞争和相互仇视的局面，为本国利益，不惜大打出手，让自身的脆弱和危险性又陡增几分。

二、驱动商业向善的新生力量

人类的命运共同

看上去，人类以种族、宗教和国家彼此区隔，但命运共同确是不争的事实。

第一，命运共同，是人类活下去的根本。

我们生活在同一个地球，同一片空气里，谁都不能独善其身。

第二，商业的联系让世界扁平的速度和形式在加快。

价值经由贸易，让整个世界的分工在不断被重构。美国有强大的科技和创新优势，但中国有完整的制造和市场优势，同样也有美国不断攫取的人才优势。美国人民可以享用来自中国的物美价廉的产品，而中国可以享受高科技开创的新的生活方式和生产方式，以及科技带给我们的想象和改变。所以，中美之间更应是相生相应的合作关系，而不是对立的竞争关系。2019 年开始的中美贸易战和大国博弈，彼此都受损失，但命运共同的事实让两个经济大国，仍需要不断走向合作。

商业追求利益的目的，让商者的眼光总是在寻求最好的市场和机会。当本地区不再具有吸引力的时候，自然就会跳出来，向外扩展。当本国市场不行了的时候，就会跳出国家而看世界。所以人类命运共同不仅是因为同在地球村，更是商业力量的推动。

第三，人类探索多样性的好奇心，也会让人类命运共同的速度加快。

不同地理风貌，风土人情，文化背景，历史渊源，都是人类感兴趣的，马可·波罗式的探索和游历，在物质生活得到保障之后，自然会让人类走遍全世界的好奇心被释放和被满足。

第四，人类对文化渗透的喜好，更愿追求同化。

自有人类以来，语言、文字和宗教就开始慢慢出现和不断演变，再不断渗透，以后演变成不同的文化。文化维系着彼此联系，维系着信仰追求，更维系着代际传承。

文化更是一个群体多年积淀和实践所养成的，从而让身处其中的每一个个体具有天然的快速链接性，所以构建、传播和渗透文化也就会带来实际的利益。美国的快餐文化、“90 后”的互联网原住民文化，无疑对“90 后”和“00 后”都将是与身俱在，难以挥去的。

早期的文化渗透是通过枪炮和战争打开的，战争的机器开到哪里，必然会留下胜利者的文化，日本“二战”后全面追随美国的文化就是最为典型的例子。今天经由商业、旅游和移民，特别是国际贸易和全球化，文化渗透成了人类追求命运共同的另一个促进因素。

第五，人类底层责任的激发，才是命运共同的最大动力。

人类天然具有锄强扶弱的秉性，我们今天没有伸出援手去帮助别人，可能还是我们的能力和实力不够，但凡我们能够站立起来，我们都会弯腰拉一把还趴在地上或者站立不起来的人，并不是要展示我们的强大，而是人类天然的同族感。

大脑的觉醒

美国神经解剖学家保尔·麦克莱恩（Paul Maclean）提出了人的三重脑的概念，他认为人的大脑是由三个系统进化而构成，如图 26 所示。

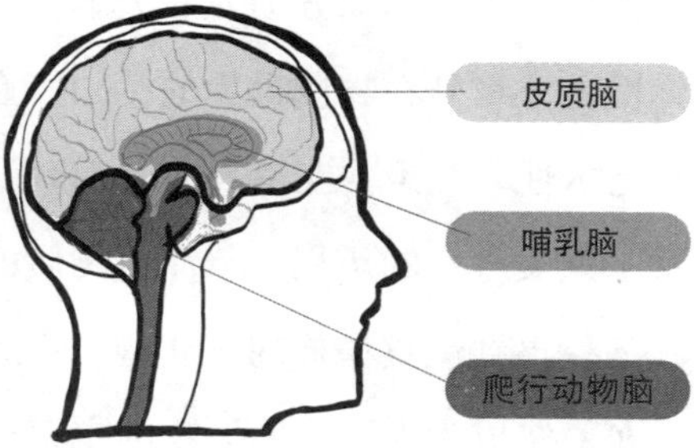

图 26　保尔·麦克莱恩提出的三重脑

第一个大脑称为爬行脑，也就是人的动物本能，大约在距今两亿到三亿年前已演化形成。它主管身体，调控和维持个体生命的一系列生理功能，比如心跳、呼吸、睡眠和睡觉醒来、性欲等最基本的生命活动。它所表现出来的行为模式是呆板、偏执、冲动、一成不变、多疑妄想，近似于鳄鱼一样的行为模式。

爬行脑体现的是动物的天然本性，主导与控制着人的生命本身，而且带有强烈的自我生存保护的特征。

第二个进化而来的大脑是哺乳脑，主管的是人的生存。它参与调节本能和情感行为，主要是维持生存和物种延续。它表现出来的行为模式是爱憎分明，要么宜人，要么不宜人，没有中间状态，趋利避害。

哺乳脑的进化让人从冷血动物进化到有情感的高等动物。但是走极端的行为模式并未让人真正成为人。

第三个进化而来的新皮层，皮质脑，这是使人类具备人性的大脑结构。它主管的是人的理智和意识，掌管我们的认知、目标、计划、自控等。皮质脑又分为左右大脑，左脑主管的是理性思考和逻辑性，注重外在物质世界的感知。右脑则决定了人的抽象思维和艺术性，注重内在世界的开启。

三重脑揭示了人类进化的历程，从注重物质的爬行脑，到注重情感的哺乳脑，再到注重精神的皮质脑，最终从爬行动物跨越哺乳动物，而最终成为人，成为万物的主宰。

美国心理生物学家、1981 年度的诺贝尔生理学或医学奖获得者斯佩里博士，更是通过其“左右脑分工理论”进一步阐述了右脑的开发和觉醒潜力。

他认为：左脑是储存出生以后信息的“自身脑”，右脑是“祖先脑”，而且右脑的存储量是左脑的 100 万倍。右脑储存着人类 500 万年遗传因子的信息，它是先天就遗传的一种“种族的记忆”，是人类远古生活的遗迹，是重复了亿万次的那些典型经验的积淀和浓缩。

左脑的活动是有意识的心理过程，而右脑的活动则是做梦、顿悟、灵感等无意识的心理过程。右脑是潜意识、下意识脑，掌握右脑思维，是人类精神生活的深层基础。

新皮层，由于右脑的介入，让人类的图像化机能演变为极大的企划力、创造力、想象力。同时让人类具有与宇宙共振共鸣的机能，产生诸如第六感、透视力、直觉力、梦境和灵感等。当然还有超高速自动演算机能，如心算、数学；超高速大量记忆，如速读、记忆力等。

正是右脑存储了人类500万年遗传因子的信息，人类同族的远古链接，让人会升起利他思维，采取双赢或多赢模式，同时追求精神生活的更高层次。而这个过程就是大脑开发、人类觉醒的契机，而这更是人类不至于自我毁灭，可以拥有更好未来的证据。

商业道德因子

新制度经济学派首次把道德作为一个重要因子正式纳入经济学研究，代表人物诺贝尔经济学奖获得者道格拉斯·诺思（Douglass C. North）对道德有这样的定义和描述：

制度是为人类设计的，构造着政治、经济和社会相互关系的一系列约束，它由正式的法规（宪法、法令、产权）和非正式的约束（主要包括道德、禁忌、习惯、传统和行为规则）所组成。其中，前者（主要是法律）是划分罪与非罪，合法与违法的标准，违者将被国家机器强制性惩罚。后者（主要是道德）则主要是划分善与恶的界限，更多地依靠社会舆论和人们内心的信念良知来遵守。

人类社会的有序运行，更多依靠的是不成文的道德，因为人们多数时候并不违法，但很可能会在道德与不道德之间游走。

因而人类的道德底线就是最低限度的不成文法律，成为维系任何一个生态系统，特别是商业系统正常运转的最基本约束，是不能碰触的红线。

但事实上总有人会铤而走险。

如同曾经堪称美股界比特币的公司——凡利亚药品国际VRX公司，专门收购在专利保护期内或者独家品种的药，然后大幅提高药价，把几美元的药直接提价到几百美元，还曾将旗下五款产品涨价800%以上。又因为这些药必须服用，商业保险、患者不得不掏腰包，因此5年半的时间里，其股价翻了18倍。

另一家公司，图灵制药将一款罕见的寄生虫感染药物Daraprim涨价5500%，其CEO Martin Shkreli给出的回应则更为直接：“我是商人，只对钱负责。”

从市场角度来看，这合法合规，似乎无可厚非。正是有了商业中的道德因子，这种“只顾自己赚钱，不管他人死活”的模式犯了众怒。逼得美国总统竞选人希拉里说出宣战式言语“I'm after them”。在一份竞选声明中，希拉里称“这是令人愤怒的（高药价），而这只是医药公司侵害患者利益的最新例子”。在民意和政客的双重压力下，涨价逻辑被证伪，债务风险暴露，公司被市场抛弃，一年半时间就被彻底赶回了该去的阴暗角落，股价蒸发 97%。

在该公司如日中天的时候，有投资者在伯克希尔哈撒韦股东会上问巴菲特如何看待这家公司，巴菲特的回答是：任何买这个股票的基金经理，都应该辞职。

科技向善

科技的飞速发展带来必然的高生产力和高产出，也必然带来大公司趋之若鹜的高投入，科技推动商业向上的速度与力量也就越来越快和强大。犹如一把双刃剑，科技带给人类的并不一定全是福音。

拥有科技开发绝对领先优势的大公司更应该承担起科技向善的责任，追求向上的同时应以向善为底线。

腾讯开发了微信，有超过 10 亿的用户在使用。微信的功能包括即时通信、网络社交和在线支付，都极大地方便了人们的生活。腾讯也因此跻身中国数一数二的高市值公司，并位列全球十大科技公司的行列，与苹果、微软、亚马逊、谷歌等齐名。

但打开腾讯的年报，你会发现原来我们引以为傲的高科技公司，竟然超过三成的业务江山是架构在网络游戏上，图 27

是腾讯连续 8 年游戏收入占比和年增长的趋势图。而且腾讯已经连续 6 年成为全球第一大游戏公司，收益是排名第二和第三的总和。

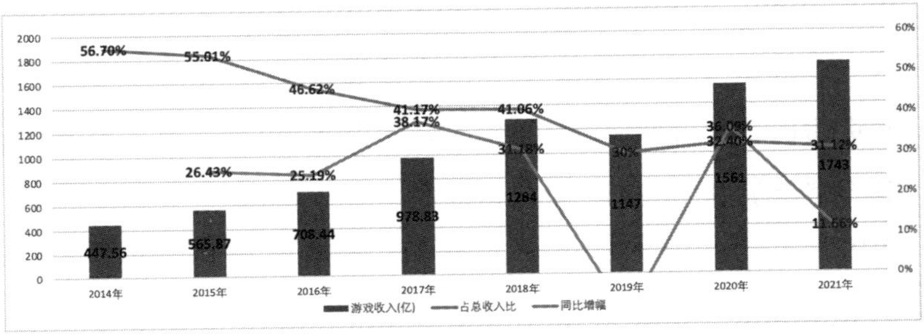

图 27　腾讯游戏收入占比和年增长趋势

从数据看，尽管腾讯游戏占总收入的比例逐年下降，但仍然高达 31%。而且游戏的体量 2021 年更是达到了 1743 亿元人民币，仍保持着 11.66% 的年增长率。

我们知道游戏的主要用户是年轻人，不乏未成年的孩子和学生。外出放眼一看，在休闲聚集的地方，年轻父母带的小孩，基本都是独坐一边，要么拿着手机，要么拿着 iPad，投入地玩着游戏。因为沉迷于游戏，造成近视、厌学、作息不规律，比比皆是，父母恨不得不给孩子配手机。

市场固然有需求，商业也可以用产品和服务去满足。但如果这个需求是由于人性的弱点引发的，难道我们也要去引发、放大和满足吗？人性尚有不少人自身还无法克服的弱点，作为商业的使命，应该是引导新的积极向上的产品和服务，重归人性的美好面，让世界因此而更加美好和灿烂。所以，科技驱动的商业应该向善，科技可以利用人性，但绝不能利用人性的弱点去赚钱。

2019 年科技向善已成为越来越多公司的理念和核心追求。2019 年 11 月 11 日，在腾讯成立 21 周年纪念日这天，腾讯董事会主席兼首席执行官马化腾、腾讯总裁刘炽平及全体总办成员向四万多名员工发出全员邮件，正式公布腾讯全新的使命愿景为“用户为本，科技向善”。马化腾通过微信朋友圈首次透露“科技向善，我们新的愿景和使命”，此后在多个公开场合也提及“希望科技向善，成为未来公司使命与愿景的一部分”。此次全员邮件再次诠释了“科技向善”，称“我们要‘一切以用户价值为依归，将社会责任融入产品及服务之中’，更要‘推动科技创新与文化传承，助力各行各业升级，促进社会的可持续发展’”。腾讯终于认识到要回归到科技引领商业向善的路上去定位和发展了。

微软因同理心而刷新全球第一

在第三任微软 CEO 萨提亚・纳德拉上任不到三年的时间里，就重新将这个软件帝国带到了科技公司市值全球第一的宝座，曾一举超越苹果，今天仍是交相领衔。

萨提亚在提及《刷新》这本书时，他说这是一本关于转型的书，既包括他个人的转型，也包括微软当下的转型。而背后的驱动因素则是同理心以及赋能他人的意愿。这本书的核心是人，以及人独有的品质——同理心。在一个技术潮流以前所未有之势颠覆现状的世界里，同理心比以往任何时候都显得珍贵。

无疑萨提亚抓住了人性中最为宝贵和底层的同理心，它是人类同族的天然基因，本来就在那里，只是物欲与狼性竞争的世界，让这种人与人之间的关心和共情被隐埋和遮盖。因为他的刷新，同理心在微软被整体激发和释放出来了。

面对风起云涌、变化莫测的新科技开发和应用，他明确地提出了微软要设计符合伦理的人工智能。要重视的不仅是智能，还有人性方面，包括情感伦理和同理心。

他说如果不用情商来搭配智商使用，人工智能就会走向失败。他认为最终人和机器更应该进行合作，而不是互相对抗。所以萨提亚提出了机器人三原则：第一，机器人不应该做出伤害人类的事情，也不应该通过不作为来伤害人类。第二，机器人必须服从人类的命令。第三，它们要保护自己。

因此，微软也提出了自己的人工智能的策略。第一个策略是要建立一种增强人类能力和体验的人工智能，而不是从人对比机器的角度来开发人工智能。第二个策略就是我们要把信任直接构建在技术之中，我们必须把隐私保护透明度和安全性注入技术中。人工智能设备必须在设计上具有检测出新的威胁，并找出适当的保护方法的能力。第三个策略是构建的所有技术都必须包容和尊重每个人，为人类服务，不分文化种族、民族、经济地位、年龄、性别和身心能力。

微软的人工智能策略，不就是在追求向上的同时，在追求向善吗？！

西方觉醒资本主义

开启现代商业文明的西方资本主义，在其实践中也在不断探索商业的更加可持续性，并提出了觉醒资本主义的概念。

觉醒资本主义认为觉醒的商业应依据以下四个准则。

第一个准则是将商业的重心从利润和股东价值的最大化，转向使命和目的最大化。

第二个准则是企业应该被很好地管理，以优化所有利益相关者的价值，包括股东、客户、员工、供应商、社区和环境。

第三个准则是觉醒的领导力，包括使命驱动、真诚、关爱、坚强正直的品格、高情商、精神进化、受托人导向。

第四个准则是要有觉醒的商业文化，让战略、流程和组织能够有更高的使命，推动领导力的觉醒。这样的文化应该具有：使命驱动、赋能、透明、充满爱和关切的工作场所、创新、协作。

实践觉醒资本主义的代表企业有宝马、星巴克、丰田、卡特彼勒、谷歌、亚马逊、eBay、西南航空、强生、全时、Costco 等。对它们 15 年的股票进行分析发现，觉醒资本主义代表企业的回报率是标准普尔 500 指数的 10.5 倍，明显回报率更高。

三、重新定义的公司实践

共益企业（B Corp）

如果说觉醒资本主义只是一个研究项目，那么在美国，共益企业（Benefit Corporation，简称 B Corp）不仅是一种研究，更是一种新型的建立觉醒商业的组织联盟，也是一套标准。

共益实验室（B Lab）试图强调，商业的力量不只是为了营利，还可以成为解决社会和环境问题的有生力量。一家企业在关注股东利益之外，还应该照顾到更多利益相关方的利益，譬如用户、员工、社区以及周边环境。

围绕公司使命的核心，共益实验室推出了一套覆盖员工、社区、治理、影响力和商业模式五个板块、满分为 200 分的测评系统——共益影响力测评（B Impact Assessment，BIA）。

这套标准涵盖 40 多个指标，是对企业的共益性，也就是横跨商业与生活责任的一个评价。通过全面测评企业的财务、社会与环境绩效，来考察企业运营对员工、社区和环境的影响力。

全球所有企业都可以使用 BIA 进行免费测评，测评得分达到 80 分以上的企业，可以申请认证成为“共益企业”。借助共益影响力测评，公司可以了解自身所处的水平，并找到可以完善的方向。

根据一份研究报告的数据：从2007年第一家企业通过认证以来，到2020年，全球范围内已经有3000多家企业通过了共益企业的认证。也有55000余家企业、机构和投资人运用BIA管理自身或者投资企业的影响力。

越来越多的金融机构也更加关注投资企业的社会影响力价值，这不仅仅来源于金融机构对共益企业价值观的认可，也源于共益企业严格的管理和信息监督，可以作为金融机构评估企业投资价值的重要参考。

“共益企业”的概念于2016年正式引入中国，四年间国内共有30多家企业通过了B Corp认证。

尽管征途仍然漫长，但不能因此低估它的决心与未来，正如《中国慈善家》的一篇报道中所评价的：“没有人敢保证，共益企业不会是在亚马逊雨林中挥舞翅膀的那只蝴蝶，在未来掀起一阵飓风。”

美国CEO集体重新定义公司

成立于1972年的美国商业组织“商业圆桌会议”（Business Roundtable），对商业发展有着前瞻性引领作用。它聚集了美国最具影响力的企业领袖，如亚马逊的CEO杰夫·贝佐斯、苹果公司的CEO蒂姆·库克、波音公司的CEO丹尼斯·米伦伯格、通用汽车公司的董事长兼CEO玛丽·巴拉等。

“商业圆桌会议”自1978年以来定期发布有关公司治理

原则的声明；自 1997 年起，该组织发布的每份声明文件都赞同“股东至上”的原则，凸显公司的首要任务就是让股东受益，并实现利润最大化。

2019 年 8 月 19 日，181 家美国顶级公司 CEO 在华盛顿召开的“商业圆桌会议”上联合签署了《公司宗旨宣言》(以下简称《宣言》)。该《宣言》重新定义了公司运营的宗旨，宣称：股东利益不再是一个公司最重要的目标，公司的首要任务是创造一个更美好的社会。也即是股东利益不再至上，一个美好的社会比股东利益更重要。

在这份《宣言》中，商界领袖们转而强调，作为一个具有社会责任意识的企业，公司领导团队应该致力于达成以下目标：

（1）向客户传递企业价值。

（2）通过雇用不同群体并提供公平的待遇来投资员工。

（3）与供应商交易时遵守商业道德。

（4）积极投身社会事业。

（5）注重可持续发展，为股东创造长期价值。

这份《宣言》的重大意义在于，随着社会对企业和商业的社会责任担当和可持续发展的诉求不断广泛、深入和强大，商界领袖们对企业的初心，企业相对于社会、利益相关方的存在意义和相关度，以及企业在推动社会进步、环境和谐进程中的角色、作用，给出了新的明确性指引，历史性地终结了以股东利益最大化为信条的经营理念时代，为力图在创造经济价值的同时，创造社会和环境多重共享价值打开了通途。

四、企业家精神的新流向

重思企业家精神的“源”

人类历史和人力资源的演变、体力和脑力被机器和人工智能不断替代和超越，向上的商业似乎在快速运转中丧失了自踩刹车的能力，正逐步将自我推向毁灭的边缘。

然而随着人类大脑的觉醒，特别是主导世界财富的大公司正越来越不被信任，西方发达资本主义开始了新的觉醒，开始探索商业的真正存在意义，并尝试重新定义新的企业形态。

这一切的变化都需要我们来重新思考商业文明的走向，企业作为商业的细胞，又是受企业家创立和决策运营的，因而对企业家精神的“源”与“流”就需要做特别的探讨。

我们先来看企业家精神的“源”。

“企业家”这一概念最早是由法国经济学家理查德·坎蒂隆在 18 世纪 30 年代提出，并精准定义了企业家的使命与价值。理查德·坎蒂隆认为：企业家的价值就是要使经济资源的效率由低转高，企业家精神则是企业家的精神和技巧二者的集合。

1912 年，熊彼特对企业家精神进行了新的定义。熊彼特认为企业家是经济发展的带头人，是实现生产要素重新组合的创新者，其价值就是“创造性破坏”。

但将企业家精神带入深刻实践的无疑是管理学开创者德鲁克大师。德鲁克在《创新与企业家精神》一书中，这样概括企业家精神：

（1）大幅度提高资源的产出；

（2）要创造出新颖而与众不同的东西，改变现有的价值；

（3）要开创新的市场和新的客户群；

（4）视变化为常态，总是在寻求变化，并将变化视为机遇加以利用。

德鲁克进一步诠释企业家精神与企业的规模、性质、所有权、人格特质都无关，它既非科学，也非艺术，而是源于实践。

那么，企业家精神是以什么样的实践形式来呈现呢？创业！

不管是从“0 到 1”的初始创业，还是在原有企业规模上进行的二次创业，抑或是处理生死存亡的重整危机创业，企业家的蜕变和企业家精神的承载都是在创业这一实践形式中完成和实现的。

西方企业家精神不仅推动着西方商业的前行，也无形中成为通用标准影响着全球的企业家精神的标准和实践。

中国企业家精神的艰难与辉煌

中国是一个经历了五千年农耕文明，家国文化源远流长并且根深蒂固的国度，在 1978 年改革开放之后，才真正开始了现代商业，也才有了真正大规模的企业和企业家实践。

固然今天有不少按照西方企业家精神创业成功的代表企业，但支撑中国经济和就业的基础却是千千万万的中小企业，它们才是中国企业家精神的真实写照，也是未来发展的基石。中国企业家精神整体有以下仍在不断探索的特色。

第一，草根创业。

在中国现代商业的进程中，中国早期的创业者基本是草根创业，而且基本是为了活命，为了养家糊口，白手起家或借助亲朋好友的帮衬开启了第一轮创业。

第二，无限责任。

时至今日，尽管中国的资本市场也开始繁荣起来，但中国的创业模式仍旧延续着无限责任的模式。也就是说，创业过程中无论有没有外部资本的介入，所有的风险都需要创业者个人来兜底和承担，常常需要个人担保和承担无限责任。

所以中国的企业家和创业者绝大多数输不起，这也导致很多首次创业失败的人很难连续创业，债务缠身，还有可能进入失信黑名单。这种创业的艰辛与后遗症恐怕是西方创业者所无法理解的。

第三，家族经营。

在这样一个创业背景下，草根带草根，家族经营就是普遍现象，自然家族财富传承也就顺理成章。这就是为什么在中国传承和继创仍将是中国企业家精神如何延续的一个需持续探索的话题。

第四，立足中国，走向世界。

正是因为草根创业，中国的企业家们首先立足的是中国的市场，发展壮大后才走向世界的。今天如日中天的中国企业们也无不是按照这个市场逻辑成长起来的，比如腾讯、阿里巴巴、京东等等。

第五，勤劳 + 包容 + 隐忍 + 坚守，构成强大软能力。

也正是白手起家和无限责任，五千年中华民族的显著特征在中国企业家精神的实践中，体现得淋漓尽致：勤劳、包容、隐忍和坚守。

草根创业，无限责任，从中国到世界，勤劳、包容、隐忍和坚守，还有知耻而后勇的精气神，构成了中国企业家精神过往 40 年的实践。

对比西方企业家精神的向外强力和科学武装，中国企业家精神更加注重内在的道德与人文和谐，这也必然会带来碰撞和冲突。

丛林法则终将让位于兼善天下

在中国改革开放初期，当我们的商业还处于世界价值链低端，更多为美国等西方国家做生产和供应链配套，同时经济规模远远落后的时候，美国面对这样的世界分工和格局，自然乐得大赚特赚，相安无事。

比如，美国最赚钱也是市值最高的苹果公司，2021 财年全年营业收入为 3658.17 亿美元，归属于普通股东净利润为

946.80 亿美元，净利润率高达 25.88%。而一部苹果手机的原材料整体只占其国行版定价的 27.26%，而中国的原材料供应只占 4.6%，意味着中国从万元手机中通过自己的制造业获得 120 元人民币，通过低廉而辛苦的劳动力，可以获得 8 美元，也就是约 50 元人民币，全部加起来才 170 元人民币。这就是中国庞大制造业的背后惊鸿。

然而当中国的生产力得以极大释放，人民生活水平和国家发展阶段逐步提升，中国需要进行产业升级，从价值链低端往上提升的时候，美国这时却不愿意了，认为自己吃亏了，受到威胁了。

于是挥舞起制裁的大棒，硬是通过芯片的全球断供，将迅速崛起的华为占世界第二的手机业务搞到瘫痪，同时削弱其竞争地位，让苹果公司一家持续独大。

中国的崛起真的会威胁到美国和西方吗？历史会给出最好的答案。

在中国鼎盛的唐朝贞观之治时期，强大的唐帝国反而受到吐蕃国的不断骚扰，为了构建和平的周边环境，公元 641 年，李世民将文成公主远嫁到西藏。我们来看看文成公主特殊的嫁妆：包括布匹、纺织工具、农具、农作物、种子、乐器、绫罗绸缎等，还有大量的图书典籍、天文历算、针灸疗法等，这些都是当时世界上最为先进的文化成果。而且文成公主的陪嫁队伍也与众不同，在随行的 600 人中，包括铁匠、木匠、农艺师等能工巧匠和技术人员。文成公主的远嫁对西藏的发展产生了巨大的促进作用，同时也为西藏注入了宝贵的精神财富。

同样是中国鼎盛的明朝永乐年间，即 15 世纪初叶，中国组建了世界上最为强大的海上船队，由郑和带领下西洋，200 多艘海船、2.7 万余人远航 7 次、时间跨度长达 28 年，然而如此庞大和耗资巨大的航海行动，只为：政治上宣扬国威，加强与海外各国联系，弘扬中国文化；经济上开展海外贸易，以及寻找疑似失踪的建文帝。所到之处，都是和平的身影。这支世界上拥有最先进造船技术和雄厚资金的船队，比哥伦布远航还早 87 年。哥伦布反而发现了新大陆，奠定了西班牙的世界霸权地位。为什么？因为目的不同，明朝是为了宣扬中国文化，而西班牙是为了强烈的扩张和掠夺意识。随后的荷兰、英国更是有过之而无不及。

到 1820 年，工业革命后英国工业生产量已占全球总产量的一半，过剩的产品需要中国的市场。当时中国和英国也存在巨大的贸易顺差，1701—1759 年，英国从中国的进口额达 2600 万英镑，而出口仅有 900 万英镑。试图用机器换茶叶的想法被中国阻断，于是便用先进的枪炮和战争来敲开中国的大门和市场。随后的资本主义列强开始了瓜分和奴役中国的百年历史。

然而经过改革开放 40 多年发展的中国在强大之后，走向世界开辟新的“一带一路”之时，不是像西方商业那样把落后、污染和低廉的产能输出，而是把世界上最领先，也是中国最先进的技术，如高铁、大国建造、5G 等输入发展中国家，力求共同发展，命运与共。

尽管如此，中国在 2021 年底 GDP 也只是美国的 77%，人均只有 1.255 万美元，远远低于美国的 6.94 万美元和其他西方发达国家的水平。

美国挑起的贸易战和大国争端，背后其实就是两种对待世界的态度和价值观的博弈，典型的丛林竞争思维与包容发展思维之间的碰撞，是美国利益优先，还是人类命运共同？这也是商业文明何去何从的新十字路口。

一场持久的新冠肺炎疫情，让美国的丛林思维和丛林行为不断加码，表面上看是让中国经历打击与伤痛，实际上却更加坚定了我们必须要走出一条自我弥补短板的创新之路。中国 2021 年开启的系统重装，以及更加开放的对外政策，让中国更加走向“人类命运共同”与“兼善天下”的新商业文明。同时五千年文明的丰厚积淀正不断为商业新实践注入新的活力和内涵。我们相信商业不应只是西方世界给我们呈现的丛林生存发展模式，还一定要有东方文明思想主导下的命运与共、竞合的商业新生态。

同时，西方企业自发的资本主义觉醒和共益企业、社会企业的新商业实践，以及全球领袖对企业的新定义，让我们更加清晰地看到尽管处于古今、中外交叉的十字路口，仍有着国家间的分歧，但商业文明的曙光正朝着“兼善天下”的方向照耀和穿越，丛林法则也终将被挑战和摒弃。

不二的商业和社会美好：社会企业

追求商业利润和承担社会责任，社会普遍存在两种看法：

第一种认为，这应该是两种不同性质的组织去完成，企业就是创造利润和挣钱，而社会问题的解决应该是由政府等公共部门和基础设施，甚至是公益组织或非营利社会组织去完成。

第二种认为，企业首先要赚到钱，在有能力、余力的时候再去做公益，承担额外的社会责任。

这就是“为二”的极端做法。然而，中国希望工程的创始人徐永光先生，在他《公益向右，商业向左》的书里就提出了一个不二的商业和公益。核心观点就是在追求经济绩效的同时，企业更应该追求社会绩效，把企业责任和社会责任合二为一，这就是社会企业。

社会企业是一种既具有商业模式又追求社会目标的事业体，其中商业活动的盈利用于提供社区或社会服务。简单来说，就是“运用商业手段，实现社会目的”（英国社会企业联盟的定义）。

根据夏露萍《真正的问题解决者》的描述，社会企业具有以下特征。

（1）为完成使命而有策略地组建企业；

（2）用商业工具和方法实现社会目标；

（3）社会资本与商业资本相混合，社会方法与商业方法相混合；

（4）创造社会和经济价值；

（5）通过商业活动创收所得为社会项目提供资金；

（6）市场驱动和使命导向；

（7）令人满意的财务表现和社会影响；

（8）以利于公共利益的方式实现财务目标。

社会企业不仅仅面向社会公共服务，把它做成产品，然后再让政府采购，甚至可以直接面对社会问题，提供产品和服务，盈利的同时解决社会问题，真正践行“兼善天下”的商业新内涵。

再造企业家精神的“流”

企业家精神从“源”到“流”，就应该被赋予新的内涵和实践。

第一，应该高于商业，立足于社会美好。

中美贸易战，大国博弈，深度交锋。然而美国需要中国市场，中国需要走向世界，这是一个你中有我，我中有你的商业新格局。美国利益优先还是人类命运共同？这是在不可阻挡的全球化中，企业家精神流向的新命题。

引发贸易战的原因其实是两种对待世界的态度的博弈，是典型的丛林竞争思维与包容性发展思维之间的碰撞，这也说明中国五千年文明的丰厚积淀开始走向世界，开始为商业社会注入新的力量。

从股东的企业走向社会的企业，这是对竞争走向竞合的现行企业家精神实践的改写，具有里程碑的意义。这与中国走向世界，倡导人类命运共同体的理念不谋而合。

第二，立于顾客而又超越顾客，利他思维。

企业存在的目的就是创造顾客，这个曾经经典的语录，在新时代环境下应当涵盖社区、利益相关者、行业整体进步以及人类社会的共同美好等新的多维目的，也即是说要立于顾客而又要超越顾客，这样企业家才能走出丛林竞争和零和游戏的困局。

曾经多么美好的共享单车，在追求自我企业成功的路上，不仅经营困难，而且还造成社会财富的极大浪费。看到尸横遍野的废弃单车以及被毁的自行车行业，我想这绝不是企业家精神所应实践的方式和结果。

所以，企业的目的首先就应超越自我和股东的成功和利益，而更应追求他人、行业和社会的共同成就和繁荣。

第三，超越体力和脑力，从心上生发愿力智慧。

从个人成功到成就他人，这是企业家精神的价值认知超越，它需要企业家具备超凡智慧。

2018 年诺贝尔生理学或医学奖获得者，日本医学家本庶佑提出“创新只是结果”，所以我们不能只在“果”上求。

我们更应看到：创新首先是基于对社会众生现实问题和潜在需求演变的洞察，巨大的商业机会往往就隐含在这里。

马斯克立足于对地球环境人类生存的关切，致力于火星移民的商业，他被认为是可能改变人类命运的企业家。微软第三任 CEO 萨提亚 · 纳德拉展现同理心思维，助力全球每一个人、每一个组织，成就不凡，所以微软再创辉煌。

因为有了这份对社会他人悲天悯人的爱，再将其最终承载到企业家个人和事业的大愿上，企业家精神就会变成使众人同行的影响力、创造力和生产力，因而创新终因共同的使命而汇聚和达至。

一个企业家，他心中的他人越多，爱越大，愿力就会越大，成就也就越大。

第四，商业觉醒，向善向上。

如果说科技是让商业飞速向上发展的发动机，我想一辆汽车要跑得安全，跑得久远，同时也得装上刹车装置，那就是向善的力量。

只有向善，我们才能够在商业的文明进程中营造出一个不仅是竞争，更有合作，不仅仅是我赢，还有他赢的共生生态。

向善向上，两驾并驱，我们就可以提高资源向价值转化的效率，也更能有效化解人类面临的三大矛盾，与自己和解，进而与他人和解、与整个社会和解。在这场矛盾的化解中，回到内心世界，激发出自我的心力觉醒就是出发点，用商业推动社会向上向善，构建一个心力社会，这就是人类商业文明的穿越。商业觉醒，向善向上。

成为“三德”社会企业家

按照美国著名社会企业家支持机构阿育王的定义，社会企业家是指这样一些个体：他们用创新性的方法解决最紧迫的社会问题，他们既雄心勃勃又坚定不移，为解决主要社会问题提供新思路。社会企业家不依赖政府或商业部门来满足社会需求，他们善于发现现有体制存在的问题并寻求解决方案，同时将其广泛传播，最终推动整个社会的改变。他们是社会创新者，尤其善于解决那些商业、政府、志愿部门没有触及的社会问题。

余晓敏教授在《社会企业与中国社会发展的创新实践》一书中描述社会企业家具有以下显著特征：

（1）以创造社会价值为使命，而非仅为私人价值；

（2）为实现组织而义无反顾地寻求和追求新的机遇；

（3）进行持续的创新、适应和学习；

（4）不受现有资源所困而大胆地采取行动；

（5）对于服务对象及组织活动的后果具有更高的可问责性。

可见，社会企业家和商业企业家的重要差别在于：社会企业家是受社会使命驱动。如果商业企业家的标志性特征在于冒险、预见和创新，社会企业家的核心特征则在于以创新的方式满足未被满足的社会需求。

所以，从丛林法则走向兼善天下的商业最好体现形式，在当下，就是社会企业，致力于社会企业和社会企业家就是新商业文明穿越的具体实践。沿用中国企业家实践本就拥有的底层“智仁勇”三个字，就更能赋予社会企业博大的内涵，即“智仁勇”“三德”社会企业和“三德”社会企业家。

智：内清澈而成智；明晰使命驱动、意义革命的创业之道和经营之道，开启因责任而启动的所有同行者自动、自发和共创的商业智慧。因为新的商业智慧，就能完全或很大程度上以创造社会价值为目标，同时具有识别、利用机会创造社会价值的能力，并利用创新进行社会价值的创造和大力传播。

仁：外利他而显爱；以仁爱之心，立足于社会他人面对的苦难和问题，跨越自我、家庭、企业、行业、国家，走向更大的社会面，以天下人之心为己心，致力于共同富裕，共同幸福。

勇：志于道而为勇；视问题为机会，在别人看到问题的地方看到机会，敢于突破，敢于担责任。在社会价值创造和传播中愿意承受高于平均水平的风险，并在社会创业中表现出足智多谋，不会因资产稀缺而畏缩。并因此推动行业和社会的进步，让利益相关者均从中受益，让新商业文明之光因勇毅推动进步和美好而备受尊敬和推崇。

《礼记 · 中庸》有云："知、仁、勇三者，天下之达德也。"三德是谓之也。

五、商业觉醒，向上向善

走向觉醒的商业

走向"三德"社会企业和企业家，可以按照以下五个维度（如图 28 所示）开启企业家精神的新商业文明的实践和穿越。

图 28　商业觉醒

第一，使命觉醒。

使命是一个组织存在的价值，它既是起点，也是终点；既是航标，更是明灯。使命觉醒，就是要反思和深化我们做商业的目的是什么，是为一己之利，还是为他人、行业、国家和社会？回想中共一大时，面临上海法租界巡捕的袭扰，13 人只能躲在嘉兴南湖的一条船上召开会议。但这个弱小的危难组织还是确定了以国家和民族利益为重的使命：为中国人民谋幸福，为中华民族谋复兴。正是这个觉醒的使命，让当时只有 50 多位成员的共产党，在经历 28 年的艰苦奋斗后，硬是在世界的东方成功地成立了中华人民共和国，让中国人民从此摆脱了帝国主义的奴役。“不忘初心，牢记使命，砥砺前行”，共产党始终保持着对使命的时刻觉醒，领导着中华民族伟大复兴的事业，也不断为人民所信任和支持。

在《基业长青》一书中，作者提到：在全世界最优秀的长寿公司中，都会发现一种超越经济因素的、更加高尚和理想主义的核心理念，那就是使命的力量。

一个使命觉醒的商业，可以让你彰显存在于世界的独特价值，活出意义；驱动你做的每一件事，活出精彩；让利益相关者相互关切并积极支持，投入你的事业中来；是金钱之外让你行进的源泉，因为你创造着更高范畴的社会财富，但最终会带来你意想不到的金钱财富。

第二，企业家心力觉醒。

企业是企业家驱动的组织，在第一代创始人领导的企业组织中，企业家地位举足轻重，是灵魂，是核心。即便在西方成熟的商业社会中，不同精神的企业家领导人，也让企业兴衰命运各不相同。IBM 在 20 世纪 90 年代进入急剧衰退行将被分拆的时刻，外部人郭士纳带着他的企业家精神，让 IBM 起死回生，重回巅峰，延续了 20 年的辉煌。但 2010 年以来，进入云计算、大数据的时代，平庸的 CEO 又将 IBM 带入低谷。因为郭士纳式的领导人所倡导的企业精神在随后的 IBM 被磨灭了。

任正非是我们心中伟大的企业领袖代表，在他 76 岁的高龄时遭受美国的双重制裁，首先是他的女儿在加拿大被逮捕，但是他没有任何的怨言。他表达的是我们相信美国法律的公正能还女儿的清白。同样在华为被美国列入实体清单，面对国外大公司的断供时，任老仍然说尽管我们的芯片和操作系统可以取代国外的技术，但是我们仍然要采购国外的产品。只有这样，我们才能够构建一个生态，我们也才能给别人生存与发展的空间。

在中国，企业史还很短暂，是一个还完全依赖第一代创始人基因存续的商业时代，所以，觉醒企业家精神就更加弥足珍贵，只有进化出健康成长的基因，创立的企业才可以活出新生，发扬光大和传承延续。

第三，共同体战略觉醒。

当今世界多极化发展，但共同的市场，共同的地球环境，让世界变平的技术和互联网力量越来越强大，因而人类进入命运共同体时代，所以新商业更应立足共同体战略的觉醒。中国的崛起，国家领导人就很智慧，不是延续欧美之前的道路，而是选择和平崛起，走人类命运共同体之路。时代的大势，企业更应顺应。今天的商业，要么打造一个生态，要么融入一个生态，只有在个体、组织、行业、社会、环境等诸方面营造共生共赢的战略，商业才有可能获得成功。沃尔玛始终坚持的就是通路共享模式。让商品，借由沃尔玛的精细通路运营、与供应商共同的战略改进和成本优化，使老百姓享受到其所倡导的“天天平价”，最终让消费者、供应商和沃尔玛共同受益。

第四，组织制度觉醒。

纵观华为的成长，不得不提华为 1996 年在只有不到 10 亿元的中小企业规模时，历时三年铸就了《基本法》，从战略方向、人才、分配、文化等诸多方面建章立制，奠定了未来成长的全面制度基础。中国经济今天取得了举世瞩目的成就，也归功于制度层面的创新：家庭联产承包责任制、中国特色社会主义制度，让低效的生产力得到了极大的解放和发挥。所以组织制度的觉醒，高于文化，高于组织，高于管理，是一个觉醒商业的重要保障和推动力量。

第五，个体力量觉醒。

这是一个个体崛起的时代，当商业提供与消费主体都平移到“80 后”“90 后”，甚至“00 后”之后，我们对商业的认知也要随之升级改变。他们有更好的知识结构、家庭背景、互联网意识和思维，更有崇尚个性、追求独立的人格。

海尔探索“人单合一”模式、人人都是 CEO，无疑就是一场顺应个体力量觉醒的重要实践。这种模式的核心就是要把员工和用户需求联结起来，其中“人”就是员工，“单”就是指用户需求。简单来说，就是海尔以用户需求为核心，围绕这个核心再通过员工创新出可以不断迭代的解决方案。在创新方面，海尔提倡人人都是创客，每个员工都可以成为自己的 CEO，充分调动个人积极性，既能达成更佳用户体验，又能创造出更高的用户价值。在这个平台上，只有平台主、小微主和创客，而每个员工都是一名创客。员工可自由组合，在内部抢单，竞聘成为小微主。张瑞敏希望在这样的制度下，每个员工都能成为一个 CEO。但这个位置并非一劳永逸，如果项目运行过程不理想，CEO 难以胜任，该员工就会遭到淘汰。在“人单合一”模式下，海尔逐步形成了去中心化的自驱生态体系，这就完全突破了传统科层制的束缚，让企业重新焕发出新的生命力。

德鲁克认为，管理的目的就是激发和释放每个人与生俱来的善意和为他人贡献的潜能，所以我们要有对中华五千年文化底蕴的自信，让个体力量推动组织进化，伴随中国的崛起，去引领世界！

经历五维商业觉醒，我们及我们所开创的企业，就能感受到图 29 从左边穿越到右边的欢乐和自在。

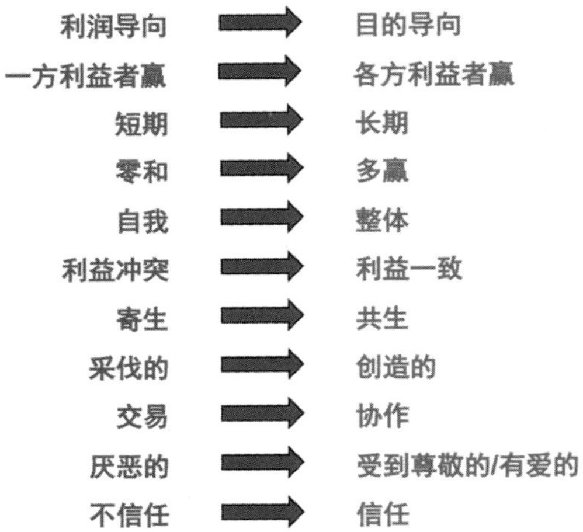

图 29　商业穿越

借用季羡林先生的《一生自在》书中的一句话来结束：如果人生真有意义与价值的话，其意义与价值就在于对人类发展的承上启下、承前启后的责任感。新商业文明的开启就在你我、就在当下，行动吧！

【跋】

未来畅想：把心力货币存入智慧银行

货币可以计价，可以存储，可以交换，可以用来增值，于是就出现了银行来承担上述的功能。

心力成为资本，应该也可以被计价，被交换，被用来增值，被用来扩大再生产，被用来让商业前行。那么是否可以设想将来有这样一种银行 —— 心力银行，它的主要价值载体是心力资本。

它用于衡量利他，衡量利他创造，衡量因利他、利他创造而沉淀的心力资产。我今天为社区义务工作三小时，获得三个心力币，存入我的账户，明天我就可以用这三个心力币去获取社区其他的利他服务。而且这些利他服务只能用你的利他付出获得的心力币去换取。于是个人、家族、企业、社会，各种组织皆由心力币的模式，在社会中体现出利他价值的一面，从而被人彪炳，也被人称颂。这是我对心之力的第一个未来畅想。

我的第二个未来畅想就是，在未来机器人世界中，拥有觉醒机器人。它一方面对机器人的向上，拥有向善的纠偏力和决断力。同时也能对人脑的起心动念具有觉醒影响力和促进力。

这样恶念在萌芽的初期就能被识别和警示，以促进最终的泯灭。这样人类和服务人类的机器人，永远都是走在向上向善的大道上。

今天书籍出版了，我想我也完成了当下我对“何为心之力”问题的回答。如果说用一句话来概括，什么是心之力，心之力就是利他创造的穿越力。对个体，需要经由追求自我成功向崇尚成就他人的穿越。对企业组织，需要完成从依赖体力资本和脑力资本，到开创心力资本经营的穿越。对商业，需要走向推动向上向善，让社会更加美好的穿越。有了这种穿越力，我们对人生、对组织、对商业，也就启动了心上生发的力量。